coleção fábula

Claude Lévi-Strauss

Somos todos canibais

precedido por O suplício do Papai Noel

Prefácio de
Maurice Olender

Tradução de
Marília Scalzo

editora■34

Sumário

Prefácio de Maurice Olender   8

O suplício do Papai Noel   11

Somos todos canibais   33

O mundo às avessas   35
Existe apenas um tipo de desenvolvimento?   41
Problemas de sociedade: excisão e reprodução assistida   53
Apresentação de um livro por seu autor   65
As joias do etnólogo   73
Retratos de artistas   81
Montaigne e a América   89
Pensamento mítico e pensamento científico   93
Somos todos canibais   101
Auguste Comte e a Itália   109
Variações sobre o tema de um quadro de Poussin   119
A sexualidade feminina e a origem da sociedade   127
A sábia lição das vacas loucas   135
A volta do tio materno   143
A prova dos nove do mito   151
Corsi e ricorsi. No rastro de Vico   157

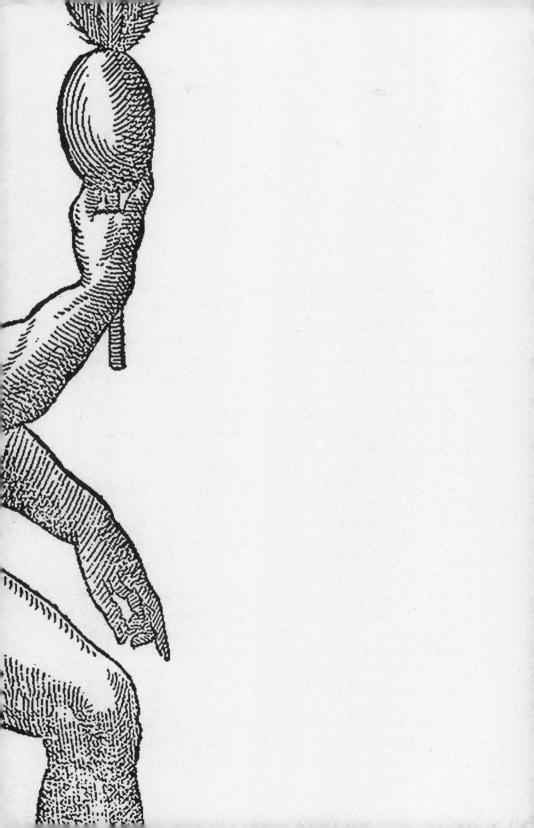

Prefácio — MAURICE OLENDER

Claude Lévi-Strauss escreveu os artigos que compõem este livro a convite do grande jornal italiano *La Repubblica*. É um conjunto inédito de dezesseis textos escritos em francês entre 1989 e 2000.

Sempre a partir de um fato atual, Lévi-Strauss trata em seus artigos de alguns dos grandes debates contemporâneos. Escrevendo sobre a epidemia da "vaca louca", sobre formas de canibalismo (alimentar ou terapêutico) ou sobre preconceitos racistas ligados a práticas rituais (a excisão feminina e a circuncisão), o etnólogo nos leva a compreender os fatos sociais que se desenvolvem diante de nossos olhos, sempre evocando a obra de Montaigne, um dos fundadores da modernidade ocidental: "Cada um chama de barbárie o que não é de seu costume".

Lévi-Strauss defende que todo hábito, toda crença e todo costume, "por mais bizarro, chocante ou mesmo revoltante que pareça", só pode ser explicado em seu próprio contexto. No momento em que se comemora o quarto centenário da morte de Montaigne, em 1992, o antropólogo reacende um debate filosófico sempre atual:

> De um lado, a filosofia do Iluminismo, que submete todas as sociedades históricas a sua crítica e acalenta a utopia de uma sociedade racional. De outro, o relativismo que rejeita todo critério absoluto que uma cultura possa invocar a fim de julgar culturas diferentes.
>
> Desde Montaigne, e seguindo seu exemplo, não paramos de procurar uma saída para essa contradição.

Como em toda a obra de Claude Lévi-Strauss, este livro, que deve o título a um de seus capítulos, sublinha os laços indissociáveis entre "pensamento mítico e científico" — sem, no entanto, reduzir o segundo ao primeiro. Ele lembra que entre as sociedades ditas complexas e aquelas designadas erroneamente como "primitivas ou arcaicas" não existe a grande distância por muito tempo imaginada. A constatação nasce de um método que pretende também uma aproximação inteligível com o cotidiano: "O distante esclarece o próximo, mas o próximo pode também esclarecer o distante".

É desse tipo de observação, dessa "prática" do olhar em que o próximo e o distante se iluminam mutuamente, que trata o artigo "O suplício do Papai Noel", publicado na abertura deste livro e escrito em 1952 para a revista *Les Temps Modernes*. No texto, sobre um ritual então recente no Ocidente, Claude Lévi-Strauss escreve: "Não é todo dia que o etnólogo tem a oportunidade de observar, em sua própria sociedade, a ascensão súbita de um rito ou mesmo um culto". Prudente, acrescenta que é ao mesmo tempo mais fácil e mais difícil compreender nossas próprias sociedades:

> Mais fácil, pois a continuidade da experiência fica salvaguardada, em todos os seus momentos e em cada uma de suas nuances; e mais difícil, pois é nessas raras ocasiões que se percebe a extrema complexidade das transformações sociais, mesmo as menores.

Nestas crônicas, que trazem a marca dos últimos anos do século xx, encontram-se a lucidez e o pessimismo tônico do grande antropólogo. Traduzida em dezenas de línguas, sua obra marca de agora em diante o começo de nosso século xxi.

O suplício do Papai Noel[1]

---

[1] Publicado originalmente na revista *Les Temps Modernes*, n. 77 (1952).

O Natal de 1951 ficará marcado na França por uma polêmica que sensibilizou a imprensa e a opinião pública, introduzindo uma inesperada nota amarga na atmosfera habitualmente festiva dessa época do ano. Há vários meses, pela boca de alguns prelados, autoridades eclesiásticas vinham manifestando sua desaprovação à importância crescente dada por famílias e comerciantes ao personagem do Papai Noel. Denunciavam uma "paganização" inquietante da festa da Natividade, que desviava o espírito público do sentido cristão da comemoração para um mito sem valor religioso. Esses ataques aconteceram às vésperas do Natal; mais discreta, mas com a mesma firmeza, a Igreja protestante juntou sua voz à católica. Cartas de leitores e artigos logo começaram a aparecer nos jornais, em geral hostis à posição eclesiástica, revelando de diferentes maneiras o interesse despertado pelo assunto. O ponto culminante foi atingido, enfim, no dia 24 de dezembro, durante uma manifestação que uma reportagem no jornal *France-Soir* retratou da seguinte forma:

DIANTE DE CRIANÇAS ÓRFÃS, PAPAI NOEL FOI QUEIMADO
NO ADRO DA CATEDRAL DE DIJON
Dijon, 24 de dezembro
Papai Noel foi enforcado ontem à tarde nas grades da catedral de Dijon e queimado publicamente em seu adro. Essa execução espetacular

aconteceu na presença de centenas de crianças órfãs e foi decidida em acordo com o clero, que condenou Papai Noel como usurpador e herege. Ele foi acusado de paganizar a festa de Natal e de instalar-se como um intruso, ocupando um lugar cada vez maior nas comemorações. Criticam-no principalmente por ter-se introduzido em todas as escolas públicas, de onde os presépios foram escrupulosamente banidos.

No domingo, às quinze horas, o infeliz bom velhinho pagou como muitos inocentes pelo erro daqueles que aplaudiram a execução. O fogo tomou sua barba branca, e ele sumiu em meio à fumaça.

Depois da execução, um comunicado foi divulgado. Eis os pontos principais:

Representando todos os lares cristãos da paróquia desejosos de lutar contra a mentira, 250 crianças agrupadas diante da porta principal da catedral de Dijon queimaram Papai Noel.

Não se tratava de uma atração, mas de um gesto simbólico. Papai Noel foi sacrificado em holocausto. Com efeito, a mentira não pode despertar o sentimento religioso nas crianças e não é, de maneira alguma, um método de educação. Que outros digam e escrevam o que quiserem e façam do Papai Noel o contrapeso do Papai Fouettard.[2]

Para nós, cristãos, a festa de Natal deve continuar a ser a festa do aniversário de nascimento do Salvador.

A execução de Papai Noel no adro da catedral foi recebida de diferentes formas pela população e provocou vívidos comentários mesmo entre os católicos.

Essa manifestação intempestiva pode, no entanto, ter consequências que seus organizadores não previam.

O caso divide a cidade em dois campos.

Dijon espera a ressureição do Papai Noel assassinado ontem no adro da catedral. Ele ressuscitará esta noite, às dezoito horas, na prefeitura. Um comunicado oficial anunciou que ele convocava, como fazia todos os anos, as crianças de Dijon a ir à praça da Liberação,

[2] Figura do folclore da Bélgica e dos Países Baixos: negro com traje de pajem dos séculos XVI e XVII que acompanha e assiste São Nicolau na distribuição dos presentes de Natal. (N. T.)

onde falaria com elas do alto dos telhados da prefeitura, sob a luz de projetores.

O cônego Kir, prefeito de Dijon, teria preferido abster-se de tomar partido nesse caso delicado.

No mesmo dia, o suplício de Papai Noel ganhou as manchetes; não houve um jornal que não comentasse o incidente, alguns até — como o já citado *France-Soir*, que tem a maior circulação da imprensa francesa — chegando a destinar um editorial ao caso. De modo geral, a atitude do clero de Dijon foi desaprovada, a tal ponto que as autoridades religiosas acharam melhor bater em retirada ou pelo menos manter uma reserva discreta; nossos ministros, entretanto, dividiram-se em relação ao assunto. O tom da maior parte dos artigos é afetado e cheio de dedos: é tão bonito acreditar em Papai Noel, não há mal nenhum nisso, as crianças ficam tão felizes e fazem provisão de deliciosas lembranças para quando ficarem mais velhas etc. Na verdade, foge-se da pergunta em vez de respondê-la, pois não se trata de saber as razões pelas quais Papai Noel agrada às crianças, mas sim aquelas que levaram os adultos a inventá-lo. Seja como for, as reações são tão unânimes que deixam clara a divisão entre a opinião pública e a Igreja. Apesar de o incidente ser pequeno, o fato é importante, pois a evolução da sociedade francesa desde a ocupação revela reconciliação progressiva de uma parcela da opinião pública, em grande parte não crente, com a religião — e o acesso aos conselhos governamentais de um partido político tão claramente confessional como o MRP[3] é prova disso. Os anticlericais tradicionais perceberam rapidamente a oportunidade inesperada que se lhes oferecia: são eles que, em Dijon e outros lugares, se transformam em protetores do Papai Noel ameaçado. Papai Noel símbolo da irreligião, que paradoxo! Nesse caso, tudo se passa como se a Igreja adotasse um espírito crítico ávido de franqueza e verdade, enquanto os racionalistas convertem-se em guardiões da superstição. A aparente inversão de papéis basta para indicar que esse caso inocente esconde realidades mais profundas. Estamos diante da manifestação

---

3 O Movimento Republicano Popular foi um partido político democrata-cristão, ativo na França entre 1944 e 1966. (N. T.)

sintomática de uma rápida evolução de costumes e crenças, em princípio na França, mas sem dúvida também em outros lugares. Não é todo dia que o etnólogo tem a oportunidade de observar, em sua própria sociedade, a ascensão súbita de um rito ou mesmo um culto, procurar suas causas e estudar seu impacto sobre outras formas de vida religiosa, enfim, tentar compreender a que transformações de conjunto, mentais e sociais ao mesmo tempo, se ligam as manifestações visíveis, sobre as quais a Igreja — fortaleza de uma experiência tradicional nessas matérias — não se enganou, ao menos na medida em que lhes atribuía tamanha importância.

*
* *

Há cerca de três anos, desde que a atividade econômica retomou seu ritmo normal, a celebração do Natal na França ganhou uma importância que não tinha antes da guerra. É certo que esse desenvolvimento, tanto por sua importância material como pelas formas que assume, é resultado direto da influência e do prestígio dos Estados Unidos. De uma só vez, vimos aparecer altos pinheiros enfeitados e iluminados à noite nos cruzamentos e nas grandes avenidas; papéis de embalagem especiais para presentes de Natal; cartões de boas-festas ilustrados e o hábito de expô-los sobre a lareira durante a semana fatídica, as missões do Exército da Salvação transformando seus caldeirões em esmoleiras nas praças e ruas; e, por fim, personagens fantasiados de Papai Noel para ouvir os pedidos das crianças nas grandes lojas. Todos esses hábitos, que até pouco tempo atrás pareciam pueris e barrocos para os franceses que visitavam os Estados Unidos e que eram um dos símbolos mais evidentes da enorme incompatibilidade que havia entre as duas mentalidades, implantaram-se e aclimataram-se na França com tamanha facilidade e de forma tão generalizada que passaram a ser matéria de estudo para o historiador das civilizações.

Nessa área, como em outras, estamos assistindo a uma experiência de difusão não muito diferente dos fenômenos arcaicos que estávamos acostumados a estudar, como os longínquos exemplos do isqueiro pneumático ou da canoa polinésia. É mais fácil e ao mesmo tempo mais difícil, porém, entender os fatos que acontecem diante de nossos olhos e para os quais nossa própria sociedade serve de cenário. Mais fácil, pois a continuidade da experiência fica salvaguardada, em todos os seus momentos e em cada uma de suas nuances; e mais difícil, pois é nessas raras ocasiões que se percebe a extrema complexidade das transformações sociais, mesmo as menores, e porque as razões aparentes que atribuímos aos acontecimentos de que somos protagonistas são bem diferentes das causas reais que nos conferem um papel em seu âmbito.

Seria muito simples explicar o desenvolvimento da celebração do Natal na França apenas pela influência dos Estados Unidos. O empréstimo é fato, mas, por si só, explica de forma incompleta as razões de ser do fenômeno. Enumeremos rapidamente aquelas que são evidentes: há mais americanos na França, celebrando o Natal a seu modo; o cinema, as *digests*[4] e os romances americanos, assim como as reportagens dos grandes jornais, difundiram os costumes americanos, que se beneficiam do prestígio associado à força militar e econômica dos Estados Unidos; pode-se dizer também que o Plano Marshall pode ter, direta ou indiretamente, favorecido a importação de algumas mercadorias ligadas aos ritos de Natal. Isso, no entanto, seria insuficiente para explicar o fenômeno. Costumes importados dos Estados Unidos impõem-se a faixas da população que não são conscientes de sua origem; os meios operários, em que a influência comunista desacreditaria tudo o que traz a marca *made in usa*, também os adotam, da mesma forma que os outros. Além da difusão simples, convém ainda evocar o processo tão importante que Kroeber[5] identificou e chamou de difusão por estímulo (*stimulus diffusion*): o hábito importado não é assimilado, mas funciona como catalisador, isto é, suscita, com sua presença, a aparição de um hábito análogo que já estava presente em estado potencial no meio secundário. Ilustremos esse ponto com um exemplo que diz respeito diretamente a nosso assunto. O industrial fabricante de papel que vai aos Estados Unidos, convidado por colegas americanos ou como membro de uma missão econômica, constata que ali se fabricam papéis especiais para as embalagens de Natal; ele empresta a ideia, e assim temos um fenômeno

---

4   Revistas americanas do tipo *Reader's Digest*, que no Brasil ganhou o nome de *Seleções do Reader's Digest*, ficando popularmente conhecida apenas como *Seleções*. (N. T.)

5   Alfred Louis Kroeber (1876-1960), antropólogo norte-americano. (N. T.)

de difusão. A dona de casa parisiense que vai à papelaria do bairro comprar o papel para embrulhar seus presentes vê na vitrine papéis mais bonitos e mais sofisticados do que aqueles com os quais até agora se contentara; ela não sabe nada sobre os hábitos americanos, mas esse papel satisfaz uma exigência estética e exprime uma disposição afetiva já presentes, apesar de privadas de meios de expressão. Comprando os papéis, ela não adota diretamente (como o fabricante) um hábito estrangeiro, mas esse costume, recém-chegado, estimula nela o surgimento de um costume idêntico.

Em segundo lugar, não se pode esquecer que, desde antes da guerra, a celebração do Natal crescia na França e em toda a Europa. O fato está ligado à melhora progressiva do nível de vida, mas comporta também explicações mais sutis. Tal como nós o conhecemos, o Natal é essencialmente uma festa moderna, apesar de apresentar uma multiplicidade de aspectos arcaicos. O costume atual de usar o visco[6] não é remanescente direto do tempo dos druidas, pois parece ter voltado à moda já na Idade Média. O pinheiro de Natal não é mencionado antes do século XVII, quando aparece em textos alemães; na Inglaterra, surge no século XVIII, e na França, só no XIX. Littré[7] mal parece conhecê-lo ou apenas sob uma forma bem diferente da nossa, pois assim o define, relacionando-o ao Natal: "Em alguns países, galho de pinheiro ou de azevinho enfeitado, decorado sobretudo com doces e brinquedos para dar às crianças, que fazem a festa". A diversidade de nomes dados ao personagem que distribui brinquedos às crianças — Papai Noel, São Nicolau, Santa Claus — mostra também que ele é produto de um fenômeno de convergência, e não um protótipo antigo conservado em toda parte.

O desenvolvimento moderno, porém, não cria a partir do nada: limita-se a recompor com peças e pedaços uma velha celebração cuja importância nunca foi completamente esquecida. Se para Littré a árvore de Natal é quase uma instituição exótica, Chéruel[8] nota de modo significativo, em seu *Dicionário histórico* (que ele mesmo afirma ser uma remodelação do dicionário das antiguidades nacionais de Sainte-Palaye, 1697-1781): "O Natal [...] foi, por muitos séculos e *até recentemente*, ocasião de festas em família" (o grifo é nosso). Segue uma descrição das festas de Natal

---

6   Tradição europeia de decorar a casa com enfeites de ramos de visco e beijar-se embaixo deles. (N. T.)

7   Émile Maximilien Paul Littré (1801-1881), autor do *Dictionnaire de la langue française*. (N. T.)

8   Adolphe Chéruel (1809-1891), historiador francês, autor do *Dictionnaire historique des instituitions, moeurs et costumes de la France*, de 1855. (N. T.)

no século XIII, que se parecem bastante com as nossas. Assim, estamos diante de um ritual cuja importância já oscilou muito, conheceu apogeu e declínio. A forma americana é apenas o mais moderno de seus avatares.

Essas rápidas indicações são suficientes para mostrar como é preciso, diante de problemas desse tipo, desconfiar das explicações muito fáceis, que apelam automaticamente a "vestígios" e "sobrevivências". Se não tivesse existido, em tempos pré-históricos, um culto das árvores que sobreviveu em vários costumes folclóricos, a Europa moderna não teria "inventado" a árvore de Natal. Como demonstramos acima, trata-se de uma invenção recente que, no entanto, não surgiu do nada. Outros hábitos medievais também estão documentados: o tronco de Natal (transformado em bolo em Paris)[9] feito com um tronco grosso o suficiente para queimar a noite toda; as velas de Natal, com tamanho próprio para garantir o mesmo resultado; a decoração das casas (desde as saturnais romanas, de que ainda falaremos) com ramos verdejantes de hera, azevinho, pinheiro; sem esquecer que as histórias da Távola Redonda falam de uma árvore sobrenatural, toda coberta de luzes (sem nenhuma relação com o Natal). Nesse contexto, a árvore de Natal aparece como uma solução sincrética, que concentra em um mesmo objeto certas exigências até então dispersas: árvore mágica, fogo, luz durável, verdura persistente. Inversamente, o Papai Noel é, na forma atual, uma criação moderna; e mais recente ainda é a crença (que obriga a Dinamarca a manter uma caixa-postal especial para responder à correspondência de crianças do mundo todo) de que ele mora na Groenlândia, possessão dinamarquesa, e viaja em um trenó puxado por renas. Diz-se até que essa parte da lenda desenvolveu-se durante a última guerra, por causa da existência de bases do exército americano na Islândia e na Groenlândia. As renas, entretanto, não estão ali por acaso, pois documentos ingleses do Renascimento mencionam cabeças de renas exibidas como troféus durante as danças de Natal — e isso bem antes do surgimento da crença em Papai Noel e da criação de sua lenda.

A partir de velhos elementos misturados e remexidos e novos elementos introduzidos, encontramos fórmulas inéditas para perpetuar, transformar e reavivar costumes antigos. Não há nada de especialmente

9   *Bûche de Noël*, doce típico do Natal francês. (N. T.)

novo no que gostaríamos de chamar, sem jogo de palavras, de renascimento do Natal. Por que, então, ele suscita tamanha emoção e por que a animosidade de alguns concentra-se no personagem de Papai Noel?

*
* *

Papai Noel veste-se de vermelho: é um rei. A barba branca, as peles, as botas e o trenó em que viaja evocam o inverno. Como é chamado de "Papai" e é um velho, encarna a forma benevolente da autoridade dos antigos. Tudo isso é muito claro, mas em que categoria seria adequado classificá-lo do ponto de vista da tipologia religiosa? Não é um ser mítico, pois não existe mito que conte sua origem e suas funções; não é também personagem lendário, pois nenhum relato semi-histórico está ligado a ele. De fato, esse ser sobrenatural e imutável, eternamente fixado em sua forma e definido por uma função exclusiva e um retorno periódico, parece mais pertencer à família das divindades: em certa época do ano, é cultuado pelas crianças, que lhe dedicam cartas e pedidos, quando então recompensa os bons e pune os maus. É a divindade de uma faixa etária de nossa sociedade (faixa etária que a crença em Papai Noel basta para caracterizar). A única diferença entre Papai Noel e uma divindade verdadeira reside no fato de que os adultos não acreditam nele, por mais que encorajem os filhos a acreditar e mantenham essa crença por meio de um grande número de mistificações.

Papai Noel é, primeiramente, a expressão de um *status* diferencial que põe crianças de um lado e adolescentes e adultos de outro. Nesse sentido, liga-se a um grande conjunto de crenças e práticas que os etnólogos estudaram na maior parte das sociedades — os ritos de passagem e de iniciação. Há poucos grupos humanos em que, de alguma forma, as crianças (às vezes também as mulheres) não sejam excluídas da sociedade dos homens pela ignorância de certos mistérios ou pela crença — cuidadosamente mantida — em alguma ilusão que os adultos só revelam no momento oportuno, marcando dessa forma a agregação das jovens gerações. Às vezes, esses ritos se parecem de maneira surpreendente com os que examinamos agora. Como, por exemplo, não perceber a analogia entre Papai Noel e os *katchina* dos indígenas do sudoeste dos Estados Unidos? Esses personagens fantasiados e mascarados encarnam deuses e ancestrais, voltam periodicamente em visita a suas aldeias para dançar e punir ou recompensar as crianças, que não reconhecem seus pais ou familiares sob o disfarce tradicional. Papai Noel pertence certamente à mesma família, junto com outros comparsas hoje relegados a segundo plano: bicho-papão, Papai Fouettard etc. É extremamente significativo que as mesmas tendências pedagógicas que condenam hoje o apelo a esses *katchina* punitivos exaltem o personagem benevolente do Papai Noel, em vez de — com o desenvolvimento do espírito positivista e racionalista — envolvê-lo na mesma condenação. Não houve desse ponto de vista racionalização dos métodos educacionais, pois o Papai Noel não é mais "racional" que o Papai Fouettard (a Igreja tem razão nesse ponto): assistimos, antes, a um deslocamento mítico, e é isso que é preciso explicar.

É certo que ritos e mitos de iniciação têm, nas sociedades humanas, uma função prática: ajudam os mais velhos a manter os mais novos na ordem e na obediência. Durante todo o ano, invocamos a visita do Papai Noel para lembrar às crianças que a generosidade será proporcional ao bom comportamento, e o caráter periódico da distribuição dos presentes serve utilmente para disciplinar as reivindicações infantis, para reduzir a um curto período o momento em que eles terão verdadeiramente o *direito* de exigir presentes. Esse simples enunciado basta, entretanto, para extrapolar os limites da explicação utilitária. De onde viria a ideia de que as crianças têm direitos e de que esses direitos se impõem de maneira tão imperiosa que obriga os adultos a elaborarem uma mitologia e um ritual custoso e complicado para conseguir contê-los e limitá-los? Logo notamos que a crença no Papai Noel não é apenas uma *mistificação* infligida prazerosamente pelos adultos às crianças; é, em larga medida, o resultado de uma *negociação* muito onerosa entre as duas gerações. O mesmo vale para o ritual das plantas verdes — pinheiro, azevinho, hera, visco — com que decoramos nossas casas. Hoje luxo gratuito, foram em certa época, em algumas regiões ao menos, objeto de *troca* entre duas classes da população: na Inglaterra, até o fim do século XVIII, as mulheres saíam *a gooding*, ou seja, esmolando de casa em casa na véspera do Natal; em troca, ofereciam ramos verdes a quem lhes dava alguma coisa. Encontraremos as crianças na mesma posição de barganha, e é bom notar que às vezes as crianças fantasiavam-se de mulheres para pedir no dia de São Nicolau; mulheres, crianças: nos dois casos, pessoas não iniciadas.

    Existe ainda um aspecto muito importante dos rituais de iniciação a que nem sempre damos atenção suficiente, mas que esclarece sua natureza de maneira mais profunda que as considerações utilitárias evocadas no parágrafo anterior. Tomemos como exemplo o ritual dos *katchina* dos indígenas pueblos, de que já falamos. Se as crianças são mantidas na ignorância da natureza humana dos personagens que encarnam os *katchina*, seria apenas para que os temam e respeitem e por isso se comportem adequadamente? Sim, sem dúvida, mas essa é apenas a função secundária do ritual; existe outra explicação, no entanto, que o mito de origem põe em evidência. Esse mito explica que os *katchina* são as almas das primeiras crianças indígenas, dramaticamente afogadas em um rio na época das migrações ancestrais. Os *katchina* são então, ao mesmo tempo, prova da morte e testemunho da vida após a morte. E mais: quando os ancestrais dos indígenas atuais fixaram-se enfim em sua aldeia, o mito conta que os *katchina* vinham a cada ano visitá-los e que, ao partir, levavam as crianças. Os indígenas, desesperados com a ideia de perder seus filhos, conseguiram que os *katchina* ficassem no além em troca da promessa de que os indígenas os representariam todos os anos por meio de máscaras e danças. As crianças são excluídas do mistério dos *katchina*, mas não — nem sobretudo — para que se possa intimidá-las. Eu diria que é justamente pela razão inversa: porque elas *são* os *katchina*. São mantidas fora da mistificação porque representam a realidade com a qual a mistificação constitui uma espécie de compromisso. Seu lugar é outro: não com as máscaras e os vivos, mas com os deuses e os mortos, com os deuses que são os mortos. E os mortos são as crianças.

    Acreditamos que essa interpretação possa ser estendida a todos os ritos de iniciação e a todas as ocasiões em que a sociedade se divide em dois grupos. A "não iniciação" não é apenas um estado de privação definido pela ignorância, a ilusão ou outras conotações negativas. A relação entre iniciados e não iniciados tem um conteúdo positivo. É uma relação complementar entre dois grupos, em que um representa os mortos e o outro, os vivos. No decorrer do ritual, os papéis se invertem, repetidas vezes, pois a dualidade engendra uma reciprocidade de perspectivas que, como espelhos que se encontram face a face, pode repetir-se infinitamente: se os não iniciados são os mortos, então eles também são superiniciados, e se, como acontece com frequência, são os iniciados que personificam os fantasmas dos mortos para assustar os noviços, caberá a eles, num estágio posterior do ritual, dispersar os fantasmas e evitar sua volta. Sem levar mais adiante essas considerações, que nos distanciariam de nosso objetivo, seria suficiente lembrar que, na medida em que surgem de uma sociologia iniciática (e disso não se pode duvidar), os ritos e as crenças ligadas ao Papai Noel põem em evidência, além da oposição entre crianças e adultos, uma oposição mais profunda entre mortos e vivos.

*
* *

Chegamos à conclusão precedente por uma análise puramente sincrônica da função de certos rituais e do conteúdo de seus mitos de fundação. Uma análise diacrônica, entretanto, nos conduziria ao mesmo resultado. De maneira geral, admite-se entre folcloristas e historiadores das religiões que a origem distante do Papai Noel encontra-se em figuras como o Abbé de Liesse, o Abbas Stultorum, o Abbé de Malgouverné,[10] tradução exata do Lord of Misrule inglês, todos eles personagens que são, por tempo determinado, os reis do Natal, reconhecidos como herdeiros do rei das saturnais da época romana. As saturnais eram a festa dos *larvae*,[11] vítimas de morte violenta e sem sepultura; e, atrás do velho Saturno, devorador de crianças, perfilam-se, como imagens simétricas, o bom velhinho Noel, benfeitor das crianças; o Julebok escandinavo, demônio chifrudo do mundo subterrâneo que traz presentes para elas; São Nicolau, que as ressuscita

---

10 Abade da Alegria, Abade dos Malucos e Abade do Desgoverno, todos da tradição medieval europeia. (N. T.)
11 Em latim, "espíritos mascarados". (N. T.)

e cobre de presentes; enfim, os *katchina*, crianças mortas precocemente que renunciam a seu papel de assassinas de crianças para tornar-se distribuidoras ora de castigos, ora de presentes. Acrescentemos a isso o fato de que, como os *katchina*, o protótipo arcaico de Saturno é um deus da germinação. Na verdade, o personagem moderno de Santa Claus ou Papai Noel resulta da fusão sincrética de diversos personagens, como o Abbé de Liesse, bispo criança eleito sob invocação de São Nicolau, ou o próprio São Nicolau, de cuja festa vêm as crenças relativas a meias, sapatos e chaminés. O Abbé de Liesse reinava em 25 de dezembro, São Nicolau em 6 de dezembro, os bispos crianças eram eleitos no dia dos Santos Inocentes, 28 de dezembro. O Julebok escandinavo era celebrado em dezembro. Voltamos diretamente à *libertas decembris* de que fala Horácio e que, já no século XVIII, Du Tillot[12] invocou para ligar o Natal às saturnais.

As explicações que levam em conta apenas a sobrevivência são sempre incompletas, pois os costumes não desaparecem nem sobrevivem sem motivo. Quando subsistem, a causa encontra-se menos na viscosidade histórica que na permanência de uma função que a análise do presente permite descobrir. Se demos aos indígenas pueblos um lugar de destaque em nossa discussão, é precisamente porque a falta de qualquer relação histórica concebível entre suas instituições e as nossas (com a exceção de certas influências espanholas tardias, no século XVII) mostra claramente que estamos, com os ritos de Natal, diante não apenas de vestígios históricos, mas de formas de pensamento e conduta que surgem das condições mais gerais da vida em sociedade. As saturnais e a celebração medieval do Natal não contêm a razão última de um ritual de outro modo inexplicável e desprovido de significado, mas fornecem um material comparativo útil para entender o sentido profundo de instituições recorrentes.

Não surpreende que os aspectos não cristãos da festa de Natal tenham semelhanças com as saturnais, pois há boas razões para supor que a Igreja tenha fixado a data da Natividade em 25 de dezembro (e não em março ou janeiro) para substituir as festas pagãs que aconteciam primitivamente em 17 de dezembro, mas que, no fim do Império Romano, estendiam-se por sete dias, até o 24. De fato, da Antiguidade até a Idade

---

12   Guillaume du Tillot (1711-1774), político francês. (N. T.)

Média, as "festas de dezembro" têm as mesmas características. Primeiro, a decoração das casas com plantas verdes, depois os presentes trocados ou dados às crianças, a alegria, os festins e por fim a confraternização entre ricos e pobres, patrões e empregados.

Quando se olham os fatos mais de perto, aparecem certas analogias de estrutura igualmente impressionantes. Como as saturnais romanas, o Natal medieval apresenta dois aspectos sincréticos e opostos. É antes de tudo uma reunião e uma comunhão: a distinção entre as classes e os estamentos é temporariamente abolida; escravos e empregados sentam-se à mesa de seus patrões e são servidos por eles; as mesas, ricamente enfeitadas, são abertas a todos; os gêneros trocam de papel. Mas, ao mesmo tempo, o grupo social se divide em dois: a juventude constitui-se em corpo autônomo e elege seu soberano, o abade da juventude ou, como na Escócia, o *Abbot of Unreason*, que, como o título indica, adota uma conduta irracional que se traduz em abusos cometidos em prejuízo do restante da população e que, como sabemos, assumiam formas extremas até o Renascimento: blasfêmia, roubo, estupro e assassinato. Durante o Natal, como durante as saturnais, a sociedade funciona em um ritmo dobrado de *solidariedade aumentada* e *antagonismo exacerbado*, e esses dois aspectos atuam como oposições correlatas. O personagem do Abade da Alegria faz uma espécie de mediação entre os dois aspectos. É reconhecido e entronizado pelas autoridades regulares, sua missão é comandar os excessos, contendo-os dentro de limites. Que relação existe entre esse personagem e sua função e o personagem e a função do Papai Noel, seu descendente distante?

É preciso distinguir cuidadosamente o ponto de vista histórico e o ponto de vista estrutural. Historicamente, como dissemos, o Papai Noel da Europa ocidental e sua predileção pelas chaminés e pelos sapatos resultam pura e simplesmente de um deslocamento recente da festa de São Nicolau, assimilada à celebração do Natal, três semanas mais tarde. Isso explica que o jovem abade tenha se transformado em velhinho — mas explica apenas em parte, pois as transformações são mais sistemáticas do que o acaso das conexões históricas e dos calendários permitiria admitir. Um personagem real tornou-se personagem mítico; uma emanação da juventude, simbolizando seu antagonismo com relação aos adultos, passou a símbolo da idade madura e de sua disposição benevolente para com a juventude; o apóstolo do mau comportamento ficou encarregado de premiar o bom comportamento. Os adolescentes abertamente agressivos com os pais são substituídos pelos próprios pais escondidos sob uma barba postiça para satisfazer os filhos. O mediador imaginário substitui o mediador real, ao mesmo tempo que muda de natureza e põe-se a funcionar em outro sentido.

Deixemos logo de lado considerações que não são essenciais ao debate e que podem causar confusão. A "juventude", enquanto faixa etária, quase desapareceu da sociedade contemporânea (apesar de assistirmos há alguns anos a algumas tentativas de reconstituição que ainda é cedo para saber em que darão). Um ritual que se distribuía antes entre três grupos de protagonistas — crianças, jovens e adultos — hoje conta com apenas dois, ao menos no que diz respeito ao Natal: adultos e crianças. A "loucura" de Natal perdeu muito de sua essência, que se deslocou e atenuou ao mesmo tempo: no grupo dos adultos, sobrevive apenas durante as festas de *réveillon* e a noite de São Silvestre na Times Square. Mas examinemos o papel das crianças.

Na Idade Média, as crianças não esperavam, pacientes, a descida de seus brinquedos pela chaminé. Geralmente disfarçados e em bandos (donde seu nome em francês antigo, *guisarts*[13]), iam de casa em casa cantar e apresentar seus votos, recebendo frutas e doces em troca. É importante notar que evocavam a morte para fazer valer seus direitos. No século XVIII, na Escócia, cantavam este refrão:

> *Rise up, good wife, and be no' swier [lazy]*
> *To deal your bread as long's you're here;*
> *The time will come when you'll be dead,*
> *And neither want nor meal nor bread.*[14]

Se não tivéssemos essa preciosa indicação, bem como aquela outra, não menos importante, a respeito do disfarce que transforma os atores em espíritos ou fantasmas, teríamos outras que aparecem nos estudos sobre as saídas das crianças para pedir de porta em porta. Sabemos que essas saídas

---

13   *Guisarts*, francês antigo, do verbo *déguiser*, "disfarçados", "fantasiados". (N. T.)
14   Em inglês no original. Citado em J. Brand, *Observations on Popular Antiquities* (Londres, 1900), p. 243. Em tradução livre: "Levante-se, mulher, não seja preguiçosa,/ Para dividir seu pão enquanto está aqui./ Vai chegar o tempo em que estará morta/ E não fará falta refeição nem pão". (N. T.)

não são limitadas ao Natal.[15] Sucedem-se durante todo o período crítico do outono, em que a noite ameaça o dia e os mortos perseguem os vivos. As saídas para pedir à época do Natal começam semanas antes da Natividade, geralmente três, estabelecendo a ligação com aquelas, também costumeiras, da festa de São Nicolau, que ressuscita crianças mortas; e seu caráter é ainda mais reforçado na saída inicial da temporada, a de Hallow--Even — que se tornou a véspera da festa de Todos os Santos por decisão eclesiástica —, em que ainda hoje, nos países anglo-saxões, as crianças vestidas de fantasmas ou de esqueletos perseguem os adultos, a menos que estes comprem seu sossego com pequenos presentes. A progressão do outono, de seu início até o solstício, que marca o resgate da luz e da vida, é acompanhada no plano ritual por um processo dialético cujas principais etapas são: o retorno dos mortos, sua conduta ameaçadora e persecutória; o estabelecimento de um *modus vivendi* com os vivos baseado na troca de serviços e presentes; e, finalmente, o triunfo da vida, quando, no Natal, os mortos cobertos de presentes vão embora e deixam os vivos em paz até o próximo outono. É revelador que países latinos e católicos, até o século XIX, tenham dado destaque à festa de São Nicolau, ou seja, à forma mais *comedida* da relação, enquanto os países anglo-saxões desdobram-na de bom grado entre as duas formas extremas e antitéticas: no Halloween, as crianças brincam de mortos para cobrar os adultos e, no Natal, os adultos satisfazem as crianças para exaltar sua vitalidade.

*
* *

Por essa via, os aspectos aparentemente contraditórios dos ritos de Natal se esclarecem: durante três meses, a visita dos mortos aos vivos vai se tornando cada vez mais insistente e opressiva. No dia de sua festa, podemos ainda nos permitir celebrá-los e dar a eles uma última ocasião de manifestar-se livremente, de fazer diabruras ou, como bem dizem os ingleses, *to raise hell*. Quem pode, no entanto, personificar os mortos numa sociedade de vivos senão aqueles que de algum modo não estão completamente incorporados

---

15 Ver a respeito A. Varagnac, *Civilisation traditionnelle et genre de vie* (Paris, 1948), pp. 92, 122, *passim*.

ao grupo, ou seja, que participam dessa *alteridade* que é marca do dualismo supremo, o dualismo entre os vivos e os mortos? Não surpreende, por isso, ver estrangeiros, escravos e crianças como os principais beneficiários da festa. A inferioridade de *status* político ou social e a desigualdade entre idades funcionam como critérios equivalentes. Na verdade, temos inúmeros testemunhos, sobretudo nos mundos escandinavo e eslavo, mostrando que o aspecto típico do *réveillon* consiste em ser uma refeição oferecida aos mortos, em que os convidados fazem o papel dos mortos, as crianças fazem o dos anjos, e os próprios anjos o dos mortos. Não surpreende pois que o Natal e o Ano Novo, seu duplo, sejam festas com presentes: a festa dos mortos é essencialmente a festa dos outros, uma vez que o fato de ser outro é a primeira imagem aproximada que podemos fazer da morte.

Estamos agora em condição de dar uma resposta às duas questões levantadas no início deste estudo. Por que o personagem do Papai Noel ascende e por que a Igreja observa esse crescimento com inquietude?

Vimos que Papai Noel é herdeiro e ao mesmo tempo antítese do Abbé de Déraison. Essa transformação é indício de um aprimoramento em nossa relação com a morte; não julgamos mais útil, para ficar quites com ela, permitir-lhe periodicamente a subversão da ordem e das leis. A relação agora é dominada por um espírito de benevolência um pouco desdenhosa: podemos ser generosos, tomar a iniciativa, pois se trata apenas de oferecer presentes e brinquedos, ou seja, símbolos. Mas esse enfraquecimento da relação entre mortos e vivos não se faz à custa do personagem que a encarna: pode-se dizer até que este ganha vulto; essa contradição seria insolúvel se não admitíssemos que uma outra atitude diante da morte continua a ganhar terreno entre nossos contemporâneos, feita não do medo tradicional dos espíritos e fantasmas, mas do medo a tudo o que a morte representa, por si mesma e mesmo durante a vida, em termos de empobrecimento, seca e privação. Perguntemo-nos sobre os cuidados ternos que dedicamos a Papai Noel e sobre as precauções e os sacrifícios que nos impomos para manter seu prestígio intacto junto às crianças: não seria por que, bem no fundo, nutrimos o desejo de crer, por pouco que seja, em uma generosidade sem limite, em uma gentileza sem reservas, em um breve intervalo em que fossem suspensos todo medo, toda inveja e toda amargura? Sem dúvida, não podemos compartilhar plenamente a ilusão, mas o que justifica nossos esforços é que, mantendo-a para os outros, ela nos dá ao menos a possibilidade de nos reaquecermos na chama acesa das almas jovens. A crença que alimentamos nas crianças de que os brinquedos vêm do além dá um álibi ao secreto movimento que nos incita, na realidade, a oferecê-los ao além sob o pretexto de dá-los às crianças. Desse modo, os presentes de Natal representam um sacrifício à doçura de viver, que consiste antes de tudo em não morrer.

Com bastante profundidade, Salomon Reinach escreveu certa vez que a grande diferença entre as religiões antigas e as modernas está no fato de que "os pagãos rezavam para os mortos, enquanto os cristãos rezam pelos mortos".[16] Talvez haja uma grande diferença entre a prece para os mortos e essa prece misturada a conjurações que a cada ano e cada vez mais dirigimos às crianças — encarnação tradicional dos mortos — para que consintam, acreditando no Papai Noel, em nos ajudar a crer na vida. Entretanto, desembaraçamos os fios que revelam a continuidade entre essas duas expressões de uma realidade idêntica. A Igreja, porém, não está errada quando aponta, na crença no Papai Noel, o bastião mais sólido e um dos focos mais ativos do paganismo do homem moderno. Resta saber se o homem moderno não pode também defender seu direito a ser pagão. Para terminar, façamos uma última observação: o caminho é longo do rei das saturnais ao bom velhinho do Natal; no percurso, um traço essencial — talvez o mais arcaico — do primeiro parecia ter-se perdido definitivamente. Como Frazer[17] já demonstrou, o rei das saturnais era, ele próprio, herdeiro de um protótipo antigo que, depois de personificar o rei Saturno e se permitir, durante um mês, todos os excessos, era solenemente sacrificado sobre o altar divino. Graças ao auto de fé de Dijon, vemos novamente o herói reconstituído em todos os seus aspectos, e não há o menor paradoxo no fato de que, querendo acabar com Papai Noel, os eclesiásticos de Dijon não tenham feito mais que restaurar em sua plenitude, depois de um eclipse de alguns milênios, uma figura ritual que eles mesmos — sob o pretexto de destruí-la — trataram de perenizar.

---

16   S. Reinach, "L'origine des prières pour les morts", em *Cultes, mythes, religions* (Paris, 1905), t. I, p. 319.
17   James Frazer (1854-1941), antropólogo escocês, especialista em mitologia e religiões comparadas, autor de *O ramo de ouro*, publicado pela primeira vez em 1890. (N. T.)

Somos todos canibais

O mundo às avessas[1]

Há cerca de 2.500 anos, Heródoto, visitando o Egito, espantava-se com costumes diferentes daqueles que observara em outros lugares. Os egípcios, escreveu, conduzem-se em todas as coisas ao contrário de outros povos. Não apenas as mulheres fazem comércio enquanto os homens ficam em casa e tecem, mas estes começam a trama por baixo e não pelo alto como nos outros países. As mulheres urinam em pé, os homens agachados. Não prossigo com a lista.

Mais próximo de nós, no fim do século XIX, o inglês Basil Hall Chamberlain, por muito tempo professor na Universidade de Tóquio, dá o título "Topsy-Turvidom" ou "O mundo às avessas" a um artigo recolhido em *Things Japanese*, seu livro em forma de dicionário, pois "os japoneses fazem muitas coisas ao contrário do jeito que os europeus julgam natural e conveniente; para os japoneses, nossos modos parecem também injustificáveis". Segue-se então uma série de exemplos que fazem eco àqueles citados há 24 séculos por Heródoto a propósito de outro país, igualmente exótico aos olhos de seus concidadãos.

Talvez os exemplos dados por Chamberlain não sejam igualmente convincentes. A escrita japonesa não é a única no mundo que se lê da direita para a esquerda. Não é só no Japão que se endereça uma carta colocando o nome da cidade primeiro, seguido de rua e número, e depois, por último, nome do destinatário. As dificuldades que tinham

[1] Publicado em *La Repubblica*, 7 de agosto de 1989.

as costureiras da era Meiji para pôr no lugar certo os ornamentos nas roupas em estilo europeu não revelam forçosamente um traço do caráter nacional. Por outro lado, impressiona que essas mesmas costureiras colocassem o fio na agulha empurrando o buraco da agulha contra o fio imóvel, em vez de enfiar o fio no buraco; e que, para costurar, empurrassem o tecido sobre a agulha em vez de enfiar a agulha no tecido, como fazemos. No Japão antigo, montava-se a cavalo pela direita, e fazia-se o animal entrar no estábulo de ré.

O visitante estrangeiro nota sempre com surpresa que o marceneiro japonês serre puxando a ferramenta para si e não empurrando-a como nós, e que use a plaina, também chamada de faca de dois cabos, do mesmo modo. No Japão, o oleiro gira o torno com o pé esquerdo, fazendo-o rodar em sentido horário, diferentemente do oleiro europeu ou chinês, que gira o torno com o pé direito e no sentido inverso, consequentemente.

Esses hábitos não opõem apenas o Japão à Europa: a linha de demarcação passa entre o Japão insular e a Ásia continental. Junto com muitos outros elementos de sua cultura, o Japão emprestou da China o serrote com dois cabos que corta para a frente, mas, desde o século xiv, esse modelo foi substituído por outro inventado no país: a serra que corta ao ser puxada. Do mesmo modo, a plaina que se empurra, vinda da China no século xvi, deu lugar, cem anos mais tarde, a modelos que são puxados. Como explicar o caráter comum dessas inovações?

Poderíamos tentar resolver o problema caso a caso. O Japão é pobre em minérios de ferro, e a serra que se puxa pode ser feita com metal de espessura menor: razão econômica, então. Mas o mesmo argumento valeria para a plaina? E como aplicá-lo às diferentes maneiras de enfiar o fio na agulha e costurar, que seguem o mesmo princípio? Para encontrar a cada caso uma explicação particular, seria preciso usar a imaginação, e mesmo assim seria difícil.

Uma explicação geral vem então à mente. Se o japonês e a japonesa fazem os gestos de trabalho na direção de si mesmos, para dentro e não para fora, não seria por causa de sua predileção pela postura agachada, que permite reduzir o mobiliário ao mínimo? Na falta de móveis no ateliê, o artesão só pode apoiar-se em si mesmo. A explicação parece tão simples que a invocamos não apenas para o Japão mas também para outras regiões do mundo que despertaram observações análogas.

Na metade do século XIX, J. G. Swan, negociante próspero de Boston que decidiu um dia abandonar a família para longe de casa encontrar, como mais tarde faria Gauguin, a simplicidade primitiva, notava que os indígenas da costa noroeste dos Estados Unidos, já bastante aculturados, só usavam a faca cortando na direção de si mesmos, "como fazíamos para cortar uma pluma de ganso", e trabalhavam agachados pelo chão sempre que podiam. Não se contestará o fato de que a postura de trabalho e o manuseio da ferramenta estejam ligados. Falta saber se um explica o outro — e, se for esse o caso, qual? —, ou se esses dois aspectos de um mesmo fenômeno têm uma origem que convém pesquisar.

Uma amiga japonesa, grande viajante, disse-me um dia que em cada cidade ela podia avaliar a poluição ambiental inspecionando o colarinho das camisas de seu marido. Nenhuma ocidental, me parece, pensaria desse modo: nossas mulheres achariam que o pescoço do marido estivesse sujo. Atribuiriam uma causa interna a um efeito externo: seu raciocínio iria de dentro para fora. Minha amiga japonesa pensava, ao contrário, de fora para dentro, executando em pensamento o mesmo movimento que, na prática japonesa, fazem a costureira enfiando o fio na agulha e o marceneiro serrando ou aplainando a madeira.

Nada esclarece melhor as razões comuns dos pequenos fatos para os quais chamei atenção do que um exemplo como esse. O pensamento ocidental é centrífugo; o do Japão, centrípeto. Isso se nota também na linguagem da cozinheira que não diz, como nós, "mergulhar" na fritura, mas "levantar", "subir", "retirar" (*ageru*) para fora da fritura; e, mais geralmente, na sintaxe da língua japonesa, que constrói frases por determinações sucessivas, indo do geral ao específico e colocando o sujeito no final. Quando sai de casa, o japonês dirá qualquer coisa como: "*itte mairimasu*", "indo, volto", locução em que *itte*, gerúndio do verbo *ikimasu*, reduz o fato de sair a uma circunstância em que já se afirma a intenção principal do retorno. E é fato que, na literatura japonesa antiga, a viagem aparece como uma experiência dolorosa, um ser arrancado desse "interior", *uchi*, a que se aspira sempre voltar.

Os filósofos ocidentais opõem o pensamento do Extremo Oriente ao seu pela diferente atitude quanto à noção de sujeito. Seguindo modos variados, o hinduísmo, o taoísmo, o budismo negam o que para o Ocidente constitui uma evidência primeira: o eu, cujo caráter ilusório essas doutrinas insistem em demonstrar. Para elas, cada ser é apenas um arranjo precário de fenômenos biológicos e psíquicos sem elemento durável como um "eu": simples aparência, destinada ineluctavelmente a dissolver-se.

O pensamento japonês, no entanto, sempre original, distingue-se tanto das outras filosofias do Extremo Oriente como da nossa. Diferentemente das primeiras, não aniquila o sujeito. Diferentemente da segunda, recusa-se a fazer dele o ponto de partida obrigatório de toda reflexão filosófica, de toda tentativa de reconstrução do mundo pelo pensamento. É possível dizer até que, numa língua que, como a japonesa, rejeita o uso do pronome pessoal, o "(eu) penso, logo (eu) existo" de Descartes é rigorosamente intraduzível...

Em vez de, como nós, fazer do sujeito uma causa, o pensamento japonês vê nele um resultado. A filosofia ocidental do sujeito é centrífuga; a do Japão, centrípeta, põe o sujeito no fim da linha. Essa diferença entre as atitudes mentais é a mesma que vimos aflorar nas maneiras opostas de usar as ferramentas: como os gestos que o artesão faz sempre em sua direção, a sociedade japonesa faz da consciência de si um termo. Ela resulta do modo como os grupos sociais e profissionais cada vez mais restritos encaixam-se uns nos outros. Ao preconceito da autonomia do indivíduo ocidental contrapõe-se no Japão uma necessidade constante, por parte dos indivíduos, de definir-se em função de seu ou seus grupos de pertencimento, que se designam pela palavra *uchi*; que significa não apenas "casa", mas, dentro da casa, o cômodo mais reservado em comparação aos que lhe dão acesso e o circundam.

Esse centro para que se tende e a que se aspira, a realidade segunda e derivada que o pensamento japonês concede ao eu não o pode fornecer. No centro de um sistema social e moral assim concebido, não existe uma ordem absoluta como aquela que poderiam assegurar, na China, o culto organizado dos ancestrais e o exercício da piedade filial. No Japão, os velhos perdem toda a autoridade e não contam mais quando deixam de ser chefes de família. Nesse domínio, também, o relativo sobrepõe-se ao absoluto: família e sociedade reorientam-se perpetuamente. A essa tendência profunda podem-se atribuir a desconfiança destinada à teoria (*tatemae*) e a primazia dada à prática (*honne*).

Mas, se a vida japonesa é dominada pelo sentido do relativo e da impermanência, isso não faria com que algo de absoluto encontrasse um lugar na periferia da consciência individual, dando-lhe uma estrutura que ela não tem por dentro? Daí viria talvez o papel que têm na história moderna do Japão o dogma da origem divina do poder imperial, a crença na pureza racial, a afirmação de uma especificidade da cultura japonesa em relação à das outras nações. Todo sistema, para ser viável, precisa de certa rigidez, que pode ser interna ou externa aos elementos que o compõem. O Japão não deveria em parte a essa rigidez externa — tão desconcertante para os ocidentais porque inverte o modo como concebem a relação entre o indivíduo e seu entorno — o fato de ter conseguido superar as provas por que passou durante os séculos XIX e XX e ter achado, na suavidade preservada no seio das consciências individuais, um meio para os sucessos que obtém hoje?

Existe apenas um tipo de desenvolvimento?[1]

Por muito tempo buscou-se saber de que modo uma agricultura de pequeno porte, familiar e dispersa, como a praticada pelos camponeses maias atuais, teria podido, no período pré-colombiano, alimentar as centenas ou os milhares de trabalhadores necessários para a construção dos gigantescos monumentos do México e da América Central. O problema acentuou-se ainda mais depois que o desenvolvimento das escavações arqueológicas revelou que as povoações maias não eram feitas apenas de residências reais ou centros religiosos. Eram verdadeiras cidades que se estendiam por muitos quilômetros quadrados e contavam dezenas de milhares de habitantes: senhores, aristocratas, funcionários, servos, artesãos... De onde vinha sua subsistência?

Há cerca de vinte anos, a fotografia aérea começou a nos dar respostas. Na região maia e em outras áreas da América do Sul, que acreditávamos terem sido ocupadas por sociedades muito rústicas, as fotos tiradas de avião revelam vestígios de sistemas agrícolas de uma complexidade surpreendente. Um deles, na Colômbia, estendia-se por 200 mil hectares de terras inundáveis. Entre o começo da era cristã e o século VII foram cavados ali milhares de canais de drenagem; entre eles, cultivava-se a terra sobre taludes feitos pela mão do homem, com centenas de metros de comprimento, irrigados permanentemente e preservados das inundações. Essa agricultura intensiva à base de tubérculos,

[1] Publicado em *La Repubblica*, 13 e 14 de novembro de 1990.

associada à pesca nos canais, podia alimentar mais de mil habitantes por quilômetro quadrado.

Na fronteira do Peru com a Bolívia, às margens do lago Titicaca, descobriram-se recentemente arranjos análogos espalhando-se por mais de 80 mil hectares, usados desde o primeiro milênio antes da nossa era até o século v. Por causa da seca e dos longos períodos gelados devidos à altitude — perto de 4 mil metros acima do nível do mar —, servem atualmente apenas como pasto de baixa qualidade. Os canais de irrigação aliviavam em parte esses inconvenientes. Sua água mantinha uma umidade regular; também conservava o calor diurno e liberava-o lentamente durante a noite, fazendo subir a temperatura em cerca de dois graus. Experiências provaram que essas técnicas agrícolas seriam eficazes ainda hoje, e várias comunidades andinas foram convencidas a adotá-las depois de séculos de esquecimento. O nível de vida melhorou consideravelmente. Em uma escala mais modesta, formas análogas de agricultura intensiva existiam e foram mantidas na Melanésia e na Polinésia.

Tais constatações obrigam a rever a distinção marcante que costumamos fazer entre as sociedades ditas arcaicas e as outras. As primeiras não são de fato "primitivas": todas as sociedades têm atrás de si uma longa história. No entanto, nós nos julgamos autorizados a chamar assim certas sociedades que subsistiam até uma época recente com o ideal declarado de continuar no estado em que os deuses ou os ancestrais as haviam criado, com um efetivo demográfico restrito, que sabiam manter, e um nível de vida inalterado, que suas regras sociais e crenças metafísicas ajudavam a proteger. Essas sociedades não eram totalmente isentas de mudanças, mas parece ao menos que eram diferentes das nossas, que se contentam com o desequilíbrio perpétuo. Entre nós, prevalece a ideia de que é preciso lutar simplesmente para sobreviver, conquistar todos os dias novas vantagens para não perder o que julgamos adquirido, de que o tempo é um bem raro que está sempre em falta... Conclui-se daí que os dois tipos de sociedade são refratários um ao outro? Tendo em conta que os camponeses e artesãos dos países ditos desenvolvidos tinham até recentemente uma visão do mundo e de si mesmos não muito diferente da que atribuímos aos povos exóticos, a relação entre os dois tipos de sociedade é certamente bem mais complexa. Não sabemos muita coisa sobre o longo período em cujo início apareceram os hominídeos, mas somos mais bem informados sobre os últimos 100 mil a 200 mil anos. Tudo demonstra que, nesse período, as técnicas não evoluíram de forma regular. A evolução foi descontínua, grandes saltos à frente alternaram-se com longas estagnações. Houve revoluções técnicas, localizadas no espaço e no tempo. Por centenas de milênios os ancestrais do homem limitaram-se a escolher seixos que, em seguida, tornavam manejáveis e cortantes fazendo-os soltar lascas. Com o que chamamos de "revolução levalloisense", há cerca de 200 mil anos, a técnica se torna mais complicada. Cerca de quinze operações distintas tornam-se necessárias para que se possa, primeiro, destacar do bloco de sílex, por meio de um martelo de pedra, lascas que se prestem à fabricação de determinadas ferramentas e, em seguida, retocar essas lascas com a ajuda de um martelo ou uma ponta de osso. O seixo de sílex passa então do papel de ferramenta ao de matéria-prima para confeccionar ferramentas. Objetos "com lâminas", ainda mais econômicos em matéria-prima, coexistiram com objetos "lascados" ou então os substituíram. Finalmente, as lâminas também passaram à categoria de matéria-prima, quebradas em pequenos pedaços com que se armavam estruturas de madeira ou de osso para fazer brocas, pontas de flechas, serras, foices. É o que chamamos de micrólitos.

Há lugares no Oriente Próximo que foram ocupados de maneira contínua por dezenas de milênios, durante os quais as técnicas de lapidação e a forma das ferramentas não mudaram. Por outro lado, houve nos tempos pré-históricos verdadeiras explosões técnicas, de ordem tanto qualitativa como quantitativa.

No aspecto qualitativo, os mais antigos ornamentos conhecidos datam do trigésimo-quinto milênio. Provinham principalmente do sudoeste da França, mas eram fabricados a partir de matérias-primas exóticas, importadas de regiões a centenas de quilômetros. No aspecto quantitativo, conhecem-se em diversas regiões do mundo indústrias — no sentido mais moderno do termo, ainda que remontem ao período pré-histórico — que produziam em massa alguns tipos de objetos ou utensílios para atender necessidades de mercado. Feiras intertribais aconteciam no sudoeste da França, aos pés dos Pireneus, na época magdaleniana, cerca de 15 mil anos atrás. Vendiam-se ali conchas do Atlântico e do Mediterrâneo, ferramentas esculpidas em pedras que não eram da região, propulsores fabricados em série, provavelmente às centenas, dos quais se encontraram exemplares — todos do mesmo modelo — em lugares a mais de 150 quilômetros de distância.

Em Spiennes, na Bélgica, uma exploração de sílex no subsolo, crivado de minas e de galerias cuja profundidade ultrapassa quinze metros, estendia-se por cerca de cinquenta hectares. Havia ali ateliês especializados, alguns para começar grosseiramente a produção de picaretas e machados, outros para dar forma definitiva a esses instrumentos. Em Grimes Cave, na Inglaterra, havia centenas de poços de onde foram extraídos milhares de metros cúbicos de calcário; desse calcário se tiravam os blocos de sílex. Na época proto-histórica, o centro mineiro e industrial do Grand-Pressigny, no sul do vale do Loire, na França, estendia-se por mais de dez quilômetros. Exportava até para Suíça e Bélgica certas ferramentas e armas particularmente apreciadas, uma vez que a cor da pedra local se assemelhava à do bronze. Produziam-se ali imitações em pedra de armas de metal, numa época em que o bronze era um produto caro, reservado a uma minoria.

A escrita, surgida no sul da Mesopotâmia cerca de 3.400 anos antes de nossa era, serviu por um milênio apenas para registrar estoques de mercadorias, recolhimento de impostos, arrendamentos de terras, listas de doações. Só por volta de 2500 a.C. começaram a ser transcritos mitos, eventos históricos ou textos que chamaríamos de literários. Todos esses exemplos mostram que uma mentalidade produtivista existiu durante vários períodos da pré-história e da proto-história e que ela não pertence apenas ao mundo contemporâneo.

Mesmo os povos que consideramos arcaicos ou atrasados foram capazes de produzir em massa em domínios tão variados como ferramentaria de pedra, cerâmica, agricultura, e de conseguir resultados que muitas vezes ultrapassam os nossos. Não se trata, entretanto, de uma evolução progressiva, sempre orientada no mesmo sentido. Fases de inovação rápida e outras, mais graduais, sucederam-se ao longo do tempo e algumas vezes coexistiram. Não houve apenas um tipo de evolução, mas vários.

Para entender esse fenômeno imprevisível, podemos nos inspirar nas reflexões de alguns biólogos que recusam as hipóteses segundo as quais a evolução das espécies teria acontecido de maneira lenta e progressiva, retendo entre uma miríade de pequenas variações apenas aquelas que ofereciam uma vantagem seletiva e eliminando as outras. Espécies vegetais ou animais podem ficar imutáveis durante centenas de milhares ou mesmo milhões de anos. As variações individuais no seio de uma população não influem sobre essa estabilidade: elas se compensam e finalmente se anulam. Por outro lado, as mudanças que interessam às espécies, quando acontecem, são muito rápidas (na escala dos tempos geológicos, entenda-se); elas se produzem provavelmente quando alguns indivíduos estão isolados da maior parte de sua espécie em um novo meio a que é necessário adaptar-se. A evolução biológica, como a das técnicas, dá-se por espasmos. Longos períodos de estagnação são pontuados (por isso o nome "pontualismo" dado a essa teoria) por curtos intervalos durante os quais as mudanças maciças intervêm. E isso não é tudo, pois, longe de ter um caráter homogêneo, a evolução apresenta-se sob aspectos bem diferentes segundo a perspectiva de quem observa: em uma população, manifesta-se por variações lentas e graduais; em uma espécie, por transformações cujo valor adaptativo não é certo; no nível dos grupos de espécies, sob a forma de macroevolução, mesmo que cada espécie vista isoladamente possa não sofrer mudanças por períodos prolongados.

Admite-se hoje que o homem moderno — *Homo sapiens sapiens* — tenha aparecido no Oriente Próximo (vindo provavelmente da África) há cerca de 100 mil anos. No entanto, até onde sabemos hoje, suas primeiras expressões estéticas (ornamentos, esculturas, pedras e ossos gravados) parecem ter surgido 60 mil ou 70 mil anos depois, e todas de uma vez. Talvez seja preciso ver aí um exemplo dessa evolução pontual de que falam os biólogos. Vale o mesmo para a aparição há cerca de 15 mil ou 20 mil anos, no sudoeste da Europa, de uma arte parietal de deslumbrante perfeição, como ilustram, entre outras, as grutas de Altamira e de Lascaux.

Se fosse legítimo transpor a hipótese pontualista para as sociedades humanas, deveríamos admitir então que suas relações com o meio — como suas capacidades produtivas e suas expressões estéticas indicam — não são sempre do mesmo tipo. Seria preciso renunciar à ideia de distribuir as sociedades humanas em uma escala única e de classificá-las como mais ou menos desenvolvidas: elas evidenciariam, ao contrário, modelos heterogêneos. É também para essa conclusão que apontam os debates correntes sobre a origem da agricultura.

*
* *

Acreditou-se por muito tempo que, deixando-se de lado a Revolução Industrial, que começa no século XIX, a produção de bens de consumo nunca aumentou de forma tão rápida e robusta quanto por obra da invenção da agricultura. Graças à agricultura, pensava-se, os grupos humanos puderam tornar-se sedentários e assegurar uma provisão regular, conservando os grãos. A população aumentou; dispondo de excedentes, as sociedades puderam dar-se ao luxo de manter indivíduos ou classes — chefes, nobres, sacerdotes, artesãos — que não participavam da produção de alimentos e desempenhavam funções especializadas. No espaço de quatro ou cinco milênios, a impulsão dada pela agricultura e mantida por ela teria levado os homens de um modo de vida precário, constantemente ameaçado pela fome, a uma existência estável, primeiro em aldeias, mais tarde em cidades-Estados e finalmente em impérios.

Essas eram as visões que prevaleciam até recentemente. Hoje, essa reconstrução simples e grandiosa da história humana jaz em ruínas. Pesquisas detalhadas entre os povos sem agricultura, voltadas para questões como tempo de trabalho, produtividade e valor nutricional dos alimentos, demonstram que a maior parte deles leva uma vida confortável. Meios geográficos que, por ignorância de seus recursos naturais, julgávamos miseráveis reservam para aqueles que ali vivem uma profusão de espécies vegetais muito apropriadas para a alimentação. Os indígenas das regiões desérticas da Califórnia, onde hoje uma pequena população branca subsiste dificilmente, conheciam e consumiam uma grande variedade de plantas selvagens de alto valor nutritivo. Na África do Sul, mesmo durante os anos de grande seca, observou-se que milhões de frutos do tipo *Ricinodendron*, de que os bosquímanos se alimentam, apodreciam no chão porque, uma vez satisfeitas suas necessidades alimentares, eles não se davam mais ao trabalho de colher.

Calculou-se que, entre os povos que viviam principalmente da caça e da coleta de produtos selvagens, um homem supria as necessidades de quatro ou cinco pessoas, ou seja, tinha uma produtividade superior à de muitos camponeses europeus às vésperas da Segunda Guerra Mundial. Além disso, o tempo gasto com a procura de alimentos não excedia a média de duas a três horas diárias, para uma produção alimentar bastante equilibrada e que ultrapassava 2 mil calorias por pessoa (média que inclui crianças e idosos). Uma tribo de indígenas da floresta amazônica consome cotidianamente mais que o dobro das proteínas e calorias exigidas pelas normas internacionais e seis vezes mais vitamina C! Se acrescentarmos o tempo gasto na cozinha e na confecção de utensílios, chegamos, para várias populações da América, África e Austrália, a um tempo de trabalho que não ultrapassa quatro horas por dia. Cada adulto produtivo trabalha, na verdade, durante seis horas, mas apenas dois dias e meio por semana, e o resto de seu tempo é dedicado a atividades sociais e religiosas, ao repouso e ao lazer.

Nada nos obriga a pensar que essas condições de existência fornecem uma imagem das condições que a humanidade conheceu às vésperas dos tempos neolíticos. Deixando de lado os australianos e alguns outros, a maior parte dos caçadores-coletores observados pelos etnólogos contemporâneos são talvez o produto de uma evolução regressiva. Eles não ficaram a salvo de períodos difíceis. Sabiam, no entanto, manter sua população em equilíbrio com o meio natural graças a suas regras de casamento e a várias outras proibições que limitavam a densidade demográfica a cerca de uma pessoa para cada dois quilômetros quadrados. Não se conclui daí que todos os indivíduos se beneficiassem desse fato do mesmo modo.

De qualquer forma, essas condições de vida explicam ao menos em parte por que esses povos não tinham nem a necessidade nem a vontade de cultivar a terra e criar gado, mesmo que conhecessem perfeitamente bem as técnicas pré-agrícolas.

Os povos sem agricultura sabem queimar os campos de plantas selvagens no fim das estações para assegurar uma melhor colheita no ano seguinte. Mantêm, perto de suas moradias, jardins que produzem seus alimentos preferidos, com espécies transplantadas. Criam para essas espécies habitats originais com lixo amontoado, trilhas, queimadas... Muitas das plantas que serão cultivadas depois têm uma afinidade com esses solos modificados e ali adquirem traços morfológicos desejáveis: gigantismo, crescimento das partes comestíveis, amadurecimento precoce. Esses povos espalham também involuntariamente as plantas alimentares, deixando cair no solo uma parte de sua colheita. Conhecem as plantas e sabem ajudá-las a sobreviver.

Os aborígines australianos, que viviam sem agricultura, eram, contudo, se posso dizer assim, cultivadores metafóricos: celebravam ritos complicados para proteger as plantas selvagens, encorajá-las a crescer e multiplicar-se, mantendo parasitas e calamidades atmosféricas à distância. Talvez seja interessante ver uma primeira imagem, metafórica também, da domesticação dos animais em um mito que tem vários exemplos pelo mundo. Ele tem como herói um personagem dotado de poderes sobrenaturais que prende os animais selvagens em um cercado ou uma gruta e deixa-os sair de um em um para prover sua família ou os retém todos para provocar a fome. Há 15 mil ou 20 mil anos, os caçadores magdalenianos talvez praticassem uma espécie de criação ou pastoreio simbólico ao reunir figuras de diversos animais nas paredes decoradas de suas grutas estreitas.

Enfim, todas as disposições mentais e a maior parte das técnicas da agricultura e da domesticação de animais estavam presentes em germe antes de aparecer. Não podemos vê-las como resultados de descobertas repentinas. Se os caçadores-coletores não cultivam a terra, mesmo sendo perfeitamente capazes, é porque, para o bem ou para o mal, acreditam viver melhor de outro modo. Geralmente, aliás, conhecem o tipo de vida agrícola que levam as populações vizinhas. Recusam-se a imitá-las, no entanto, por achar que cultivar a terra exige muito trabalho e deixa pouco tempo para a diversão. E há um fato que as pesquisas de campo confirmaram fartamente: mesmo praticado de forma rudimentar, o cultivo da terra é mais demorado e difícil que a caça e a coleta, e não traz o mesmo resultado.

Surge então o problema que levantam historiadores e etnólogos: se a agricultura não era tão necessária ou desejável, por que surgiu? Discute-se o assunto com paixão há cerca de trinta anos, e parece que, ali onde antes se enxergavam consequências da revolução agrícola, agora se percebem sobretudo causas: a pressão demográfica, a sedentarização, a diversificação da estrutura social.

Houve povos sedentários que não conheceram a agricultura. Os exemplos mais célebres foram, no leste do Japão, os pescadores do período Jomon, milênios antes de nossa era; ou ainda, até o começo do século XIX, no Canadá, os indígenas da costa do Pacífico, que também viviam da pesca, moravam em grandes cidades e tinham uma organização social complexa. Parece que também no Oriente Próximo a vida nas povoações permanentes precedeu as economias agrícolas.

Uma teoria atraente explica a origem da agricultura pelos esforços que teriam sido empregados por pequenos grupos de pessoas, deslocados para um habitat diferente do seu, para manter, mesmo em condições desfavoráveis, as técnicas pré-agrícolas que já praticavam. Assim, teríamos no âmbito da cultura as mesmas condições postuladas pelos biólogos pontualistas que citei para explicar a aparição de novas espécies naturais. Verificou-se também que a agricultura, em seus começos e por muito tempo, parece ter-se limitado a produções acessórias, destinadas a cobrir lacunas sazonais da caça e da coleta.

Considerando as coisas a partir de um ângulo mais geral, no entanto, acaba-se reconhecendo que nem a agricultura nem a domesticação de animais tiveram como causa a satisfação de necessidades puramente econômicas. Os animais domesticados foram um luxo, um sinal de riqueza, um símbolo de prestígio — isso se observa ainda na Índia e na África —, bem antes de serem vistos como fonte de alimento ou de matéria-prima. No Oriente Próximo, a domesticação do carneiro remonta a cerca de 11 mil anos, mas o uso da lã só se daria 5 mil anos mais tarde. Na América e no Sudeste Asiático, as primeiras plantas foram cultivadas menos por seu valor nutritivo e mais porque eram produtos de luxo: condimentos, plantas que serviam à manufatura de produtos, espécies raras de que se localizavam amostras isoladas, que era preciso proteger. Foi assim com a pimenta e o sisal no México, o algodão e a cabaça na América do Sul, o girassol, a anserina e o sabugueiro aquático no leste da América do Norte, o bétele e a noz-de-areca na Tailândia. Os homens preferiram cultivar plantas raras em vez de propagar as plantas que serviam como alimento, já abundantes em estado selvagem para suprir suas necessidades.

As tribos indígenas da Califórnia mantinham um comércio entre si, não para obter produtos de consumo comum, mas para artigos de luxo: minérios, obsidiana, plumas, enfeites de conchas etc. É ainda notável que as descobertas técnicas que estão na origem das grandes artes da civilização, como a cerâmica e a metalurgia, tenham servido primeiramente para fabricar ornamentos e enfeites. A mais antiga combinação química de tipo industrial realizada pelo homem talvez tenha sido a do fosfato tetracálcico, feita em muitas etapas e não com fins econômicos: devemos sua descoberta aos pintores magdalenianos que, há cerca de 17 mil anos, buscavam obter um pigmento de um tom específico. Eram movidos por preocupações estéticas.

Não tentemos classificar todos os tipos de desenvolvimento social a partir de um modelo único e reconheçamos que as sociedades humanas moldaram sua atividade produtiva de maneiras diferentes. Os povos que vivem principalmente da coleta de produtos selvagens, os caçadores-coletores, os agricultores, não ilustram as etapas de uma evolução que será imposta a todos. De vários pontos de vista, a agricultura significou um progresso: produz mais alimentos em um espaço e tempo determinados, permite um crescimento mais rápido da população, uma ocupação do solo mais densa, grupos sociais maiores. Em outros aspectos, no entanto, a agricultura representou uma regressão. Degradou o regime alimentar, que ficou limitado a alguns produtos ricos em calorias mas pobres em nutrientes: das cerca de mil plantas conhecidas por serem ou terem sido fontes alimentares, a agricultura só reteve cerca de vinte. E isso não é tudo, pois, restringindo sua gama de produtos, a agricultura arriscava a transformar uma má colheita em um desastre. Exige também mais trabalho. Pode ser até que tenha sido, junto com a domesticação, responsável pelas doenças infecciosas, como sugere a coincidência na África, no tempo e no espaço, da difusão da agricultura e de uma forma de anemia, a drepanocitose ou anemia falciforme, cujo gene, se herdado apenas de um dos pais, oferece proteção contra a malária, que progrediu no ritmo do desmatamento.

Tais fenômenos não pertencem ao passado. A Segunda Guerra Mundial encorajou a Argentina a estender sua cultura de milho a fim de exportar para a Europa. Por causa disso, os ratos-do-campo, vetores de um vírus de febre hemorrágica, proliferaram, e os casos da doença também. Outros vírus favorecidos por operações agrícolas estão agora presentes na Bolívia, no Brasil, na China, no Japão. Os vetores das doenças infecciosas prosperam nos nichos ecológicos criados pelo homem, como aterros de lixo, áreas desmatadas, águas estagnadas etc.

Para nossas enormes sociedades modernas, viver sem agricultura seria um luxo que não poderiam mais se permitir: são dezenas ou centenas de milhões de bocas para alimentar. Se nossos ancestrais a tivessem dispensado, como ainda podiam, a evolução da humanidade teria sido diferente. Comparado a nossos efetivos demográficos, aquele dos caçadores-coletores parece desprezível. Mas será que podemos afirmar que o crescimento fantástico da população em todo o mundo representou um progresso? As formas diversas que a atividade produtiva tomou ao longo dos milênios são fruto de escolhas entre outras tantas possibilidades. Cada uma apresenta vantagens — e cada uma impõe um preço a ser pago com a submissão aos malefícios decorrentes.

Problemas de sociedade: excisão e reprodução assistida[1]

Já faz alguns anos que a relação entre os etnólogos e os povos que eles estudam modificou-se profundamente. Países antes colonizados, agora independentes, queixam-se dos etnólogos por frear seu desenvolvimento econômico, encorajando a sobrevivência de velhos costumes e crenças obsoletas. Para povos ávidos por se modernizar, a etnologia aparece como último avatar do colonialismo, é vista com desconfiança e recebida até com hostilidade.

Por outro lado, as minorias indígenas que subsistem em algumas grandes nações modernas — Canadá, Estados Unidos, Austrália, Brasil — tomaram consciência de sua personalidade étnica, de seus direitos morais e legais. Essas pequenas comunidades recusam-se a ser tratadas como objetos de estudo de etnólogos, que são vistos como parasitas e até como exploradores no plano intelectual. Com a expansão da civilização industrial, diminuiu muito o número de sociedades que conservaram um modo de vida tradicional e que podem servir como alimento para os etnólogos. Ao mesmo tempo, a moda das ciências sociais e humanas, logo depois da Segunda Guerra Mundial, multiplicou o número de pesquisadores. Há cinquenta anos, nos Estados Unidos, já se dizia brincando nos meios profissionais que a família indígena tinha no mínimo três membros: o marido, a mulher e o etnólogo... A situação só piorou de lá para cá, e grupos indígenas, cansados de serem vítimas dos etnólogos, rebelam-se contra

[1] Publicado em *La Repubblica*, 14 de novembro de 1989.

eles. Para permitir que entrem em suas reservas, alguns exigem que sejam preenchidos todo tipo de formulários. Outros simplesmente interditam a entrada e a pesquisa etnológica: é possível visitar suas terras como professor ou sanitarista, com a condição, por escrito e assinada, de não se fazer nenhuma pergunta sobre a organização social ou as crenças religiosas. A rigor, um informante só contará um mito se houver um contrato que lhe reconheça a propriedade literária.

Porém, por uma curiosa reviravolta das coisas, aconteceu também que a antiga relação entre o etnólogo e os povos que ele estuda, em vez de romper-se, inverteu-se. Tribos chamam etnólogos, e às vezes contratam-nos mediante salário, para assisti-los diante de tribunais, ajudá-los a fazer valer seu direito ancestral sobre as terras, obter a anulação de tratados que lhes foram impostos. Isso aconteceu na Austrália, onde aborígines e etnólogos a seu serviço muitas vezes tentaram impedir que o governo instalasse plataformas para lançamento de foguetes ou assinasse concessões para mineração em territórios tidos como sagrados. Processos relativos à propriedade de regiões às vezes imensas foram invocados e continuam a sê-lo no Canadá e nos Estados Unidos. Os indígenas do Brasil começam a se organizar em plano nacional; pode-se imaginar que iniciativas do mesmo tipo serão tomadas. Nesses casos, o trabalho do etnólogo muda completamente de natureza. Ele usava os indígenas, agora é usado por eles. A aventura com aura de poesia e lirismo dá lugar a pesquisas austeras em bibliotecas, ao exame laborioso de arquivos para alimentar os dossiês de uma causa e provê-la de meios legais. A burocracia e o processo suplantam o pitoresco "trabalho de campo" ou pelo menos transformam seu espírito.

✶
✶ ✶

Os etnólogos franceses não esperavam viver esse tipo de experiência em seu próprio país. É, porém, o que vem acontecendo, por conta do crescimento da imigração, especialmente a originária da África negra. Há um ou dois anos, advogados recorrem a etnólogos para ajudá-los a defender imigrantes africanos que, eles mesmos ou com auxílio de profissionais, praticam excisão em suas filhas. Organizações feministas ou de proteção à infância atuam como reclamantes nos inquéritos e ações instaurados pelo ministério público. Antes classificada como simples delito e julgada em tribunais de primeira instância, desde 1988 a excisão passou a ser considerada pelo direito francês como crime a ser julgado por um tribunal do júri, a título de golpes e ferimentos resultando em mutilação.

Um caso desse tipo, julgado em 1988, chamou atenção porque a menina morreu — não propriamente por causa da excisão, ao que parece, mas devido a uma sequela não tratada. À acusação de golpes e ferimentos foi acrescida a de não assistência a pessoa em perigo. No começo de outubro de 1989, o tribunal do júri de Paris julgou outro caso de excisão que não teve nenhuma consequência grave para a menina. A pena nos dois casos foi exatamente a mesma: três anos de prisão com direito a *sursis*... O que revela a confusão que domina: qualquer que seja o desenlace da operação, fatal ou anódino, os tribunais sentem-se na obrigação de condenar e perdoar ao mesmo tempo.

Comumente praticada por vários povos da África e da Indonésia (já existia no Egito antigo), a excisão consiste na ablação do clitóris e às vezes também dos pequenos lábios da vulva. Uma menina não excisada seria considerada impura, perigosa até, e não conseguiria se casar. Contrariamente ao que se imagina na Europa, a prática não é imposta pelos homens, sendo antes um "segredo das mulheres", como os acusados no processo de 1988 explicaram por meio de intérpretes. As mulheres querem que suas filhas sejam excisadas, como elas mesmas foram.

Aceitando as denúncias, o procurador do ministério público agiu sob a pressão de uma opinião pública monopolizada pelas ligas feministas e outras associações bem-intencionadas. Como elas justificam sua indignação?

Primeira e principal queixa: a excisão tornaria impossível o prazer feminino, que em nossa sociedade é tomado como se fosse um novo artigo da declaração dos direitos do homem. Segunda queixa: a excisão constituiria um atentado à integridade do corpo da criança.

É surpreendente que este último argumento nunca tenha sido invocado, e continue não sendo, contra a circuncisão, que constitui entretanto uma agressão do mesmo tipo. Alguns dirão que a circuncisão é uma operação benigna que não causa a quem a ela se submete o inconveniente maior imputado à excisão. Certo ou errado? Tive um grande amigo, de uma antiga família católica da Bretanha, que achava que a circuncisão alterava a qualidade do prazer masculino, e não havia quem o fizesse mudar de opinião. No que concerne à excisão, as opiniões divergem. Tão vagos são nossos conhecimentos sobre o papel vicariante das zonas erógenas que seria melhor assumir que não sabemos nada. No processo de outubro de 1989, uma senhora africana excisada, doutora em medicina, declarou nunca ter se sentido diminuída com relação a essa questão. Ela acrescentou que foi preciso ir a Paris para saber que as mulheres excisadas eram frígidas...

De todo modo, é claro que, mesmo sem consequência sobre o prazer masculino, a circuncisão constitui um atentado à integridade física do corpo da criança, um gesto violento que a obriga a perceber-se diferente de outras crianças, do mesmo modo que a excisão. Não há então como entender por que o argumento invocado neste último caso não o seja também no outro; talvez porque nossa cultura judaico-cristã mantenha com o Antigo Testamento uma familiaridade que tira da circuncisão o que ela poderia ter de chocante. Diretamente para os judeus, indiretamente para os cristãos, a circuncisão pertence a um patrimônio cultural comum. É por isso e só por isso que não nos incomoda.

Se os advogados chamados para defender os processos de excisão pedem a opinião dos etnólogos, é porque precisam escolher entre dois sistemas de defesa. Ficam tentados a defender a irresponsabilidade, pois estão convencidos e pensam poder convencer o júri de que, nas sociedades qualificadas de atrasadas, os indivíduos não têm livre-arbítrio, são totalmente submetidos às exigências do grupo e não podem, portanto, ser responsabilizados por seus atos. Nesse terreno os etnólogos não seguem os juristas. Sabem que essa maneira de imaginar a vida nas sociedades erroneamente chamadas de arcaicas ou primitivas pertence a teorias ultrapassadas do século XIX. Em todas as sociedades há uma grande variedade de condutas individuais. Seus membros aderem com maior ou menor fidelidade às normas do grupo, ninguém é totalmente incapaz de fugir delas. Graças a esse tipo de defesa, os advogados obteriam talvez a indulgência para seus clientes, ao preço de desacreditá-los, a eles e a sua cultura. Paradoxalmente, os defensores fortaleceriam a boa consciência da acusação, pois estariam de acordo com ela, reconhecendo a superioridade absoluta da civilização de quem entrou com o processo e em nome da qual o tribunal pronunciará sua sentença.

Os etnólogos, por sua vez, tentarão fazer o júri compreender de que modo se justificam, para os que aderem a elas, certas crenças que julgamos bárbaras ou ridículas. Em todos os lugares onde se praticam a excisão e a circuncisão (e frequentemente esses costumes andam juntos), as razões subjacentes parecem ser as mesmas: ao instaurar a distinção entre os sexos, o Criador cumpriu mal seu ofício; apressado, negligente ou interrompido em seu trabalho, deixou um traço de masculinidade na mulher e um resto de feminilidade no homem. A ablação do clitóris e do prepúcio tem como finalidade concluir a obra, livrando cada sexo de uma impureza residual e deixando cada qual conforme à sua respectiva natureza. Essa metafísica, esse modo de pensar não são os nossos. Podemos ainda assim reconhecer sua coerência e não nos mostrar insensíveis à sua grandeza e à sua beleza.

Em vez de classificar os acusados como uma sub-humanidade e, involuntariamente, validar os preconceitos racistas, deve-se tentar mostrar que costumes desprovidos de sentido em um complexo cultural podem ganhar sentido em outro. Pois não existe uma escala comum que sirva para julgar todos os sistemas de crenças e menos ainda para condenar um ou outro, a não ser que se suponha — mas sobre que bases? — que apenas um entre eles (o nosso, é claro) seja portador de valores universais e deva se impor aos demais.

Nada autoriza a punir, em nome de uma moral particular, pessoas que insistem em seguir costumes ditados por uma moral diferente. Isso quer dizer que temos que nos adaptar a ela? A conclusão não é óbvia.

O etnólogo e o moralista chegam a uma constatação objetiva: no nosso país, a excisão revolta a consciência pública. Nosso sistema de valores, que merece tanto respeito quanto os outros, ficaria profundamente abalado se, sobre o mesmo solo, costumes tidos como incompatíveis pudessem conviver livremente. Os processos que tratam da excisão ganham, então, um valor exemplar. A ideia de que se possa condenar é absurda. Mas uma escolha ética, que leve em conta o futuro da cultura do país de acolhimento, não tem mais que dois partidos possíveis: proclamar que é permitido tudo o que possa ser referido a um costume, não importa onde; mandar de volta para seu país de origem aqueles que — com todo o direito — pretendem continuar fiéis a seus costumes, mesmo provocando a suscetibilidade de seus anfitriões. A única desculpa que se pode encontrar com relação aos julgamentos de 1988 e 1989 é que, aos olhos dos acusados, uma condenação com *sursis* representava provavelmente uma pena mais suave que a expulsão.

※
※　※

Há mais outro domínio em que os etnólogos são chamados à cena pública. Alguns dentre eles são convidados a participar de comissões constituídas para dar aos governos de vários países opiniões sobre os novos métodos de reprodução assistida. Pois, diante do progresso da biologia, a opinião vacila. Várias maneiras de ter um filho são oferecidas a casais em que um dos membros ou os dois são estéreis: inseminação artificial, doação de óvulo, empréstimo ou aluguel de útero, fecundação *in vitro* com os espermatozoides vindos do marido ou de outro homem, o óvulo proveniente da esposa ou de outra mulher. É preciso autorizar tudo? Permitir alguns procedimentos e proibir outros? Com que critérios?

Surgem situações jurídicas inéditas para as quais as leis dos países europeus não têm resposta pronta. Nas sociedades contemporâneas, a ideia de que a filiação decorre de um laço biológico tende a ser mais forte do que a que vê na filiação um laço social. O direito inglês ignora totalmente a noção de paternidade social: o doador do esperma poderia legalmente reivindicar a criança ou ser obrigado a prover suas necessidades. Na França, o código napoleônico diz que o marido da mãe é o pai legal da criança; recusa assim a paternidade biológica em prol da paternidade social: *Pater id est quem nuptiae demonstrant*,[2] velho adágio que, no entanto, uma lei de 1972 desmente, pois autoriza ações de reconhecimento de paternidade. Não se sabe mais qual é o laço preponderante: social ou biológico? Que respostas dar então aos problemas trazidos pela reprodução assistida em que o pai legal não é mais o genitor da criança e em que a mãe não forneceu o óvulo nem o útero em que se desenvolveu a gestação?

As crianças nascidas de tais manipulações poderão, de acordo com o caso, ter um pai e uma mãe, como é normal, ou então uma mãe e dois pais, duas mães e um pai, duas mães e dois pais, três mães e um pai, e até três mães e dois pais se o genitor não for o marido e se três mulheres forem chamadas para colaborar: uma dando o óvulo, uma emprestando o útero e a terceira sendo a mãe legal.

Quais serão os direitos e deveres respectivos dos pais sociais e biológicos agora dissociados? O que deverá resolver um tribunal se a mulher que emprestou o útero der à luz uma criança malformada e se o casal que contratou seus serviços recusá-la? Ou, ao contrário, se uma mulher fecundada com o esperma do marido de outra, estéril, reconsidera e decide ficar com o bebê como se fosse seu? Será preciso admitir como legítimos todos os desejos, como o de uma mulher que pretende ser inseminada com o esperma congelado de seu marido morto ou o das duas mulheres homossexuais que querem ter um filho do óvulo de uma delas, fecundado artificialmente por um doador anônimo e implantado no útero da outra?

A doação de esperma ou de óvulo, o empréstimo do útero podem ser objeto de um contrato que envolva pagamento? Os doadores devem permanecer anônimos, ou os pais sociais e eventualmente até o filho podem conhecer a identidade dos pais biológicos? Nenhuma dessas perguntas é gratuita: esses problemas e outros, mais extravagantes ainda, chegaram aos tribunais e continuam chegando. Tudo é tão novo

---

2 Em latim, "pai é aquele que o casamento designa". (N. T.)

que o juiz, o legislador e até o moralista, a quem falta a experiência em situações similares, ficam completamente desarmados.

Só não ficam perdidos os etnólogos, os únicos que não foram pegos de surpresa por esse tipo de problema. É claro que as sociedades que estudam ignoram as técnicas modernas de fecundação *in vitro*, de retirada de óvulo ou de embrião, de transferência, de implantação e de congelamento. No entanto, essas mesmas sociedades imaginaram equivalentes metafóricos para elas. E, como creem em sua realidade, as implicações psicológicas e jurídicas são as mesmas.

Minha colega Françoise Héritier-Augé mostrou que a inseminação com doador tem um equivalente na África, entre os samo de Burkina Faso. Casada muito jovem, cada menina deve, antes de ir viver com seu esposo, ter um amante oficial durante certo tempo. Quando chegar o momento, ela levará ao marido a criança que teve com o amante e que será considerada como filho primogênito da união legítima. Um homem pode ter várias esposas, mas, se elas o deixam, ele continua a ser o pai legal de todas as crianças que vierem a nascer depois.

Em outros povos africanos, um marido deixado por sua ou suas esposas tem direito de paternidade sobre os futuros filhos delas. Basta que tenha com elas, quando se tornam mães, a primeira relação sexual *post partum*; essa relação determina quem será o pai legal do próximo filho. Um homem casado com uma mulher estéril pode assim, gratuitamente ou mediante pagamento, ficar com um filho de uma mulher fértil, designada por sua esposa. Nesse caso, o marido da mulher é o doador inseminador, e a mulher aluga seu ventre para um homem ou para um casal sem filhos. A questão, importante na França, de saber se o empréstimo de útero deve ser gratuito ou se pode ser pago não se coloca na África.

Os nuer do Sudão comparam a mulher estéril a um homem; ela pode casar com outra mulher. Entre os iorubás da Nigéria, as mulheres ricas compram esposas que põem para morar com um homem. Quando nascem os filhos, a mulher, "esposo" legal, reivindica-os, ou então cede-os a seus genitores mediante pagamento. No primeiro caso, um casal formado por duas mulheres, que em sentido literal pode-se chamar de homossexual, recorre à reprodução assistida para ter filhos dos quais uma das mulheres será o pai legal e a outra, a mãe biológica.

A instituição do levirato,[3] em vigor entre os antigos hebreus e muito difundida ainda pelo mundo, permite e muitas vezes até impõe que o irmão mais novo gere em nome do irmão morto. Surge aí um equivalente da inseminação *post mortem*; e mais claramente ainda no casamento chamado de "fantasma" pelos nuer do Sudão: se um homem morrer solteiro ou sem descendência, um parente próximo pode pegar parte do rebanho do defunto para comprar uma esposa. Em nome do morto, então, ele geraria um filho (que consideraria como seu sobrinho). Acontecia algumas vezes de esse filho ter de cumprir o mesmo papel com relação a seu pai biológico — para ele, legalmente, um tio. As crianças que gerasse seriam legalmente seus primos.

Em todos esses exemplos, o *status* social da criança é determinado em função do pai legal, mesmo se o pai for uma mulher. A criança conhece a identidade de seu genitor, há laços afetivos que os unem. Ao contrário do que temermos, a transparência não suscita na criança um conflito pelo fato de o pai biológico e o pai social serem indivíduos diferentes.

Há no Tibete sociedades em que vários irmãos têm em comum uma única esposa. Todos os filhos são atribuídos ao mais velho, chamado de pai. Os outros maridos são chamados de tios. Os laços biológicos reais não são ignorados, mas dá-se a eles pouca importância. Uma situação parecida prevalecia na Amazônia, entre os tupi-kawahib, que conheci há cinquenta anos: um homem podia casar-se com várias irmãs ou com uma mãe e sua filha nascida de uma união precedente, e essas mulheres criavam juntas seus filhos sem se preocupar, ao que parecia, se esse ou aquele filho era seu ou de outra esposa do marido.

O conflito entre paternidade biológica e paternidade social, que entre nós confunde juristas e moralistas, não existe nas sociedades conhecidas pelos etnólogos. Elas dão primazia ao social sem que os dois aspectos se oponham na ideologia do grupo ou na consciência de seus membros. Não se concluirá que nossa sociedade deve moldar sua

---

3   Prática que obriga uma viúva a se casar com o irmão do marido quando este não deixa descendência masculina. (N. T.)

conduta por exemplos exóticos, mas estes podem ao menos nos ajudar a nos acostumarmos com a ideia de que os problemas criados pela reprodução assistida admitem um bom número de soluções diferentes, nenhuma delas natural e óbvia.

Não é preciso, no entanto, olhar tão longe para se convencer. Nos casos de reprodução assistida, uma de nossas preocupações maiores parece consistir em dissociar fecundação e sexualidade. Para serem admissíveis, as coisas devem se passar no ambiente gelado do laboratório, escondidas no anonimato e intermediadas pelo médico, de modo a evitar qualquer contato pessoal entre os participantes, qualquer troca erótica ou emocional. Mas, antes da invenção das técnicas modernas, a doação de esperma não era desconhecida de nossas sociedades; esse tipo de serviço era prestado sem cerimônia e, pode-se dizer, "em família". Balzac começou em 1843 — época em que os preconceitos sociais e morais eram bem mais fortes do que hoje — um romance que não terminou e ao qual deu o sugestivo título de *Les Petits Bourgeois* [*Os pequenos burgueses*]. Esse romance, sem dúvida nenhuma inspirado em fatos reais, conta como dois casais amigos, um fértil e outro estéril, entenderam-se: a mulher fértil tratou de engravidar do marido da mulher estéril. A filha nascida da união foi cuidada pelas duas famílias, que moravam no mesmo prédio. Todo mundo em volta sabia da situação.

Ao jurista e ao moralista impacientes para legislar, o etnólogo recomenda prudência. Ressalta que mesmo as práticas e reivindicações que parecem mais chocantes — reprodução assistida permitida para mulheres virgens, solteiras e viúvas ou para casais homossexuais — têm equivalente em outras sociedades que também as usaram.

A sabedoria está sem dúvida em confiar na lógica interna das instituições de cada sociedade e de seu sistema de valores para criar estruturas familiares que se revelem viáveis e eliminar aquelas que possam gerar contradições. Só o costume pode demonstrar o que, com o tempo, a consciência coletiva aceitará ou rejeitará.

*
* *

Os etnólogos ouvem dizer com frequência que sua disciplina está condenada pela extinção rápida das culturas tradicionais que formavam seu campo de estudos. Em um mundo uniformizado em que todos os povos aspiram ao mesmo modelo cultural, que lugar sobra para as diferenças? Os dois exemplos que dei, o da excisão e o da reprodução assistida, mostram que os problemas colocados ao etnólogo pelo mundo atual não desaparecem: mudam de lugar. A excisão não perturbava a consciência ocidental quando era praticada longe, em países exóticos com os quais não havia relações. No século XVIII ainda, autores como Buffon falavam do assunto com indiferença. Se hoje nos preocupamos com isso, é porque a mobilidade das populações, e especialmente o crescimento da imigração vinda da África, entregou-nos, se é que posso dizer assim, a excisão em domicílio. Costumes incompatíveis, que podiam coexistir pacificamente à distância, chocam-se quando bruscamente aproximados. E se a reprodução assistida cria para nós problemas de consciência, isso se dá pela razão inversa, apesar de simétrica: um abismo surge em nossa sociedade entre sua moral tradicional e os progressos da ciência. Também aqui não sabemos se e como seria possível conciliar situações que parecem contraditórias. Nos dois casos, porém, decidiu-se recorrer aos etnólogos e chamá-los a dar conselhos e opiniões (pouco importa o uso que se fez depois), circunstância que demonstra que continuam tendo uma função a cumprir. O nascimento de uma civilização mundial torna mais abrupta a divisão entre diferenças externas e não impede que em cada sociedade apareçam diferenças internas. Os etnólogos têm muito que fazer.

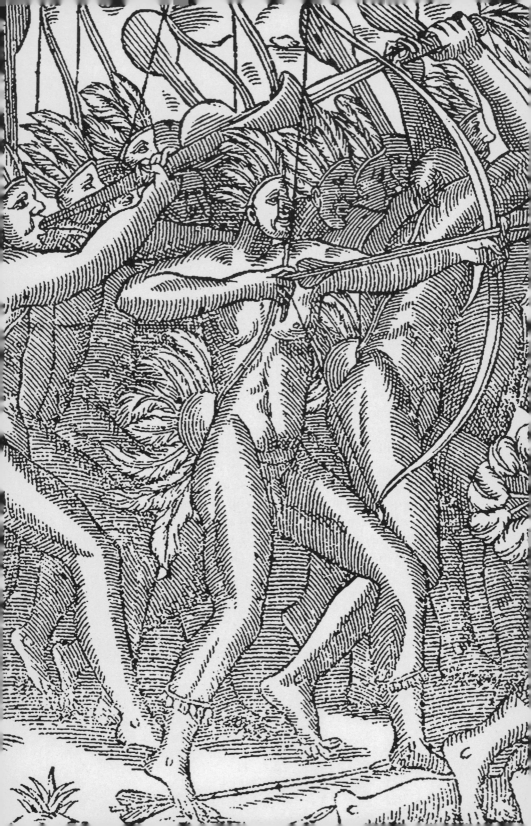

Apresentação de um livro por seu autor[1]

Escrito e publicado na velhice, *História de Lince*,[2] que será provavelmente meu último livro (o último, em todo caso, que dedicarei à mitologia ameríndia), sai neste fim de 1991, às vésperas do quinto centenário da descoberta do Novo Mundo. Era natural que o livro se transformasse em homenagem aos ameríndios: desde que os encontrei pela primeira vez, em 1935, seus costumes, suas instituições sociais, suas crenças religiosas, seu pensamento filosófico e suas artes alimentaram minha reflexão.

Esse movimento, no entanto, não foi premeditado. Impôs-se enquanto escrevia o livro, pois, no início, propunha-me apenas a resolver um problema específico, tão específico que, tendo deparado com ele muitas vezes, deixei-o fora de minhas obras precedentes, prometendo a mim mesmo que, um dia, se Deus me permitisse viver mais, voltaria a ele.

No noroeste da América do Norte, os mitos põem em paralelo e ao mesmo tempo opõem as origens do nevoeiro e do vento. Põem-nas em paralelo, pois esses mitos pertencem a um mesmo conjunto; e opõem-nas, porque o relato sobre o nevoeiro trata de uma origem, ao passo que o vento já existia quando começa o relato mítico: apresentava-se com o aspecto de um homem com uma cabeça enorme sobre um corpo tão magro e leve que dava voltas no ar de um lado para outro sem tocar a terra — ou então um corpo redondo, oco e sem ossos que saltitava como uma bola. Esse ser maléfico perseguia os humanos. Um jovem índio conseguiu capturá-lo e

---

[1] Publicado em *La Repubblica*, 10 de dezembro de 1991.
[2] *Histoire de Lynx* (Paris: Plon, 1991). (N. T.)

só o liberaria sob a condição de que, doravante, soprasse com moderação. Podemos chamar o nevoeiro, que se interpõe entre o céu e a terra, de mediador espacial, e o vento, que é periódico e obedece ao ritmo das estações, de mediador temporal.

Os mitos relativos a esses dois fenômenos meteorológicos fazem parte de um vasto sistema em que se repetem os mesmos incidentes, os mesmos atores. Esses mitos se encaixam uns dentro dos outros como bonecas russas. Aqueles sobre a captura do vento, cujo enredo é mais rico, estão na periferia; os que tratam da origem do nevoeiro, frequentemente apenas esboçados, ocupam a parte central. É por eles então que convém começar.

À primeira vista, têm o aspecto de pequenos contos desprovidos de qualquer implicação cosmológica. No tempo em que humanos e animais não formavam ainda categorias distintas, um velho doente e repugnante, chamado Lince, engravidou — voluntariamente ou por descuido — a filha de um chefe, deixando correr sobre ela um filete de saliva ou de urina, às vezes também de outras maneiras. A criança nasceu. Organizou-se um teste para saber qual entre os homens do vilarejo era seu pai. O bebê indicou Lince. Os aldeões indignados surraram-no quase até a morte e o abandonaram com a mulher e o filho. Lince transformou-se em um belo e vigoroso jovem, grande caçador também, que provia uma vida de abundância para sua pequena família. Como vingança, enviou para o novo vilarejo em que se estabeleceram seus perseguidores um espesso nevoeiro que tornou a caça impossível e provocou a fome. Os habitantes pediram perdão e o obtiveram. Lince tornou-se o chefe da aldeia.

Essa história, sem grande importância senão moralizante, é encontrada da mesma forma ou de formas muito parecidas de uma ponta a outra das Américas. Nos anos seguintes à descoberta, foi ouvida por viajantes ou missionários no México, no Brasil, no Peru... Apesar de sua aparente insignificância, testemunha uma impressionante estabilidade, não apenas no espaço — desde o Canadá até as bordas do Atlântico Sul e os Andes —, mas também no tempo, pois os relatos recolhidos há mais de quatro séculos não diferem em nada daqueles ouvidos hoje.

Nas versões canadenses desse mito — embrião dos mitos sobre a origem do nevoeiro, nascido da pele velha e malsã de que o herói se livra —, Lince tem como principal inimigo Coiote, que, constataremos em seguida, desempenha um papel importante em outro relato mítico: o da captura do vento. Lince é um felino; Coiote, um canino. A oposição assim marcada entre as duas famílias não tem nada de surpreendente: não dizemos de duas pessoas que se dão tão mal que mais parecem cão e gato? No começo do século XIX, um poeta menor, Marc-Antoine Désaugiers, compôs uma cançoneta que em seus versos opunha "como cão e gato" não apenas Voltaire e Rousseau, Grétry e Rossini, o clássico e o romântico, mas também o dever e o prazer, a moral e o desejo, a justiça e a equidade... Sem dúvida esse alcance filosófico dado à oposição não era para os ameríndios, como é para nós, uma simples brincadeira. Em seus mitos, eles lhe conferem um sentido pleno e dela tiram todas as consequências.

Sempre segundo eles, no entanto, a oposição não existia na origem. Antes, contam, Lince e Coiote eram amigos íntimos e tinham a mesma morfologia. Brigaram, porém, e para se vingar Lince alongou o focinho, as patas e o rabo de Coiote; Coiote afundou o focinho e encurtou a cauda de Lince. Desde então, seus físicos se opõem: um extrovertido, o outro introvertido.

Em resumo, tanto no físico como na moral, Lince e Coiote, felino e canino, foram e poderiam continuar sendo como gêmeos. Mas, sugerem os mitos, isso seria contrário à ordem do mundo, que esperava que dois seres, parecidos no início, se tornassem diferentes. Compreende-se então a importância que os mitos dão a essas pequenas histórias. De modo figurado, introduzem a noção de uma gemelidade impossível, que tem lugar central na reflexão filosófica dos ameríndios.

Estes concebem a gênese dos seres e das coisas segundo o modelo de uma série de bipartições. No começo o demiurgo separa-se de suas criaturas. Estas se subdividem em indígenas e não indígenas, e depois os indígenas em concidadãos e inimigos. Entre os concidadãos aparece uma nova distinção: os bons e os maus, e os bons dividem-se em fortes e fracos. Em vários níveis dessa escala dicotômica intervêm os irmãos, gêmeos ou quase (gerados por pais diferentes), desigualmente dotados, que são os agentes de uma ou outra divisão: um pacífico, outro guerreiro, um sábio, outro burro, um hábil, outro desajeitado etc. Pois é preciso que, a cada etapa, nunca apareça uma igualdade verdadeira entre as partes resultantes: de algum modo, uma é sempre superior à outra.

É o que proclamam implicitamente os mitos: os polos em relação aos quais se ordenam os fenômenos naturais e a vida em sociedade — o céu e a terra, o alto e o baixo, o fogo e a água, o nevoeiro e o vento, o perto e o longe, os indígenas e os não indígenas, os concidadãos e os estrangeiros etc. — não poderão jamais ser gêmeos, mesmo que os termos de cada par se impliquem mutuamente. O espírito esforça-se para casá-los sem conseguir estabelecer uma paridade entre eles. O mesmo engendra sempre o outro. Desse desequilíbrio dinâmico depende o bom andamento do universo, que sem isso a todo momento se arriscaria a cair em um estado de inércia.

Assim se explica que a gemelidade, que ocupa um espaço tão grande na mitologia dos ameríndios, nunca apareça em estado puro. O contrário seria surpreendente, pois, ao menos na América tropical, mas frequentemente em outras partes também, os indígenas temiam o nascimento de gêmeos e condenavam um deles ou os dois à morte. Se, nos mitos, os gêmeos divinos ou heroicos podem ter um papel positivo, isso pode-se dar porque sua gemelidade é incompleta e se prende às circunstâncias particulares de sua concepção e de seu nascimento. Isso acontece também no caso de Castor e Pólux. Mas os Dióscuros esforçam-se e conseguem tornar-se iguais, ao passo que os gêmeos americanos não ultrapassam nunca a distância original que havia entre eles. Aplicam-se, ao contrário, a aumentá-la, como se uma necessidade metafísica forçasse todos os termos primitivamente emparelhados a divergir. Uma série de consequências decorre daí: no plano cosmológico, a impossibilidade de conciliar extremos que, sonhos nostálgicos à parte, não poderão nunca ser gêmeos; e, nos planos sociológico e econômico, um balanço perpétuo entre a guerra e o comércio, fora, ou entre a reciprocidade e a hierarquia, dentro.

Entre essas bipartições em série, a dos brancos e indígenas chama especialmente a atenção. Se voltarmos ao primeiro mito brasileiro conhecido na Europa — o grande mito de origem dos tupinambás, recolhido pelo franciscano francês André Thevet por volta de 1550-1555 e publicado em 1575 em sua *Cosmographie universelle* —, lê-se que nos primeiros tempos do mundo o demiurgo vivia entre suas criaturas e distribuía entre elas suas benfeitorias. Mas as criaturas mostraram-se ingratas, e o demiurgo as destruiu. Salvou, no entanto, um homem e criou uma mulher para que o casal se reproduzisse. Assim nasceram uma nova raça e sobretudo o segundo demiurgo, mestre de todas as artes, de que os brancos são os verdadeiros filhos, pois sua cultura é superior à dos indígenas.

A distinção entre brancos e indígenas apareceu, assim, nos primeiros momentos da criação. Alfred Métraux já havia notado que, após a conquista, mitos do mesmo tipo surgiram em muitas tribos indígenas rápido demais para que fosse possível explicar suas semelhanças como empréstimos. Se a estrutura profunda dos mitos ameríndios for aquela que tentei destacar, a dificuldade desaparece.

Esses mitos procedem, como disse, por divisões sucessivas entre os seres e as coisas. Idealmente gêmeas em cada etapa, as partes revelam-se sempre desiguais. E nenhum desequilíbrio podia parecer mais forte para os indígenas do que aquele entre os brancos e eles. Dispunham, porém, de um modelo dicotômico, de certo modo pré-fabricado, que lhes permitia transpor em bloco a oposição e suas consequências para um sistema em que havia um lugar reservado para ela, de modo que, tão logo introduzida, a oposição começava a funcionar. Por meio desse pressuposto metafísico, os indígenas davam conta em seu sistema da existência do outro.

Os testemunhos históricos confirmam-no. De uma ponta a outra do Novo Mundo, os indígenas mostraram-se extraordinariamente dispostos a acolher os brancos, a dar-lhes um lugar, a fornecer-lhes tudo o que desejassem e mais. Assim foi a experiência, bem mal retribuída, que, depois de Colombo nas Bahamas e nas Antilhas, tiveram Cortez no México, Pizarro no Peru, Cabral e Villegaignon no Brasil, Jacques Cartier no Canadá. Isso porque, no pensamento dos ameríndios —bem antes da chegada dos brancos —, sua própria existência implicava também a de não indígenas. Tanto no México como no mundo andino, as tradições recolhidas logo em seguida à conquista atestam que eles até esperavam a chegada dos brancos. Essa presciência enigmática encontra assim sua explicação.

Na costa do Pacífico, no noroeste dos Estados Unidos e no Canadá, os encontros com os brancos foram mais tardios. Somente no século XVIII os indígenas estabeleceram relações com os navegadores espanhóis, ingleses, franceses e russos. Quando começou o comércio de peles, no século XIX, foi sobretudo com os franco-canadenses — os "viajantes", como eram chamados — que os contatos se multiplicaram. O estado de espírito próprio dos ameríndios, que destaquei acima, encontrou aplicação num campo mais restrito, mas de grande interesse para o estudo dos mitos. As tradições indígenas abriram-se amplamente às dos recém-chegados, e os mitos da região foram tão profundamente impregnados pelos contos populares franceses que se tornou difícil separar os elementos autóctones dos empréstimos.

Essa atitude mental dos indígenas, tal como se manifesta no plano da reflexão filosófica e da criação narrativa, opõe-se de modo impressionante à dos europeus em relação aos povos do Novo Mundo. Durante os primeiros decênios que se seguiram à descoberta, esta última se caracteriza por uma indiferença pelos homens e pelas coisas, uma cegueira voluntária diante de tantas novidades, que não eram reconhecidas como tais. Para os homens do século XVI, a descoberta da América mais confirmava que revelava a diversidade de costumes. Essa descoberta misturava-se a outras: as dos costumes egípcios, gregos e romanos, que os grandes autores da Antiguidade já haviam revelado. O espetáculo dos povos recentemente descobertos trazia apenas uma confirmação daqueles testemunhos. Tudo isso era, se não já visto, ao menos já sabido. Essa concentração em si mesmo, essa frieza, essa cegueira voluntária foram a resposta de uma humanidade que se acreditava plena e inteira à repentina revelação de que constituía apenas uma metade do gênero humano.

É bem verdade que um pouco mais tarde, com Montaigne, os conhecimentos sobre os costumes ameríndios, tirados dos relatos de viagens, fundamentam em parte a crítica de nossas instituições e de nossos costumes. O ceticismo radical de Montaigne, no entanto, também leva à conclusão de que, se todas as instituições se equivalem e são todas, por esse motivo, igualmente criticáveis e respeitáveis, a sabedoria aconselha a nos atermos àquelas da sociedade em que vivemos. Na prática, se não em teoria, essa linha de conduta não se opõe à dos missionários da mesma época e dos séculos seguintes, que viam na fé católica a única proteção contra o desconcerto diante de costumes e crenças inconciliáveis com os seus.

História de Lince é o sétimo livro (além dos muitos artigos) que dediquei à mitologia americana. Depois dos quatro volumes das *Mitológicas*, forma uma trilogia com *A via das máscaras* e *A oleira ciumenta*. Em todos esses livros, tentei dar o devido lugar a uma imensa literatura oral largamente ignorada, na medida em que ficou escondida em escritos científicos de difícil acesso. Por sua grandeza, seu interesse e suas belezas, não deve nada às tradições legadas pela Antiguidade clássica, pelo mundo celta e pelas civilizações orientais. Pertence também ao patrimônio cultural da humanidade. E, se pude descobrir na "matéria da América" (como se diz a "matéria da Bretanha" a respeito do ciclo do Graal) um campo privilegiado para explicar de outra forma as operações do pensamento mítico, eu o fiz apenas para render uma homenagem suplementar ao gênio dos ameríndios.

As reflexões sobre o encontro dos dois mundos que encerram *História de Lince* permitem talvez ir mais longe e voltar até as fontes filosóficas e éticas do dualismo ameríndio. Nas práticas religiosas e nos mitos dos indo-europeus, Georges Dumézil mostrou que uma ideologia tripartite estava em ação. Parece-me que uma ideologia, desta vez bipartite, age nas crenças e instituições dos ameríndios. Esse dualismo, porém, não é estático. De qualquer modo que se manifeste, seus termos estão sempre em equilíbrio instável. Daí vem o dinamismo de uma *abertura para o outro* que se traduziu no acolhimento que os indígenas deram aos brancos, mesmo quando estes últimos demonstraram disposições bem contrárias.

No momento em que nos preparamos para celebrar o quinto centenário daquilo que, mais que descoberta, eu chamaria de invasão do Novo Mundo, reconhecer a destruição brutal de seus povos e seus valores é realizar um ato de contrição e piedade.

As joias do etnólogo[1]

Na capa de seu livro *On Growth and Form*, que considero um dos monumentos intelectuais de nosso tempo,[2] D'Arcy Wentworth Thompson estampou uma macrofotografia, tirada em 1/50.000 de segundo, que mostra a queda de uma gota de leite no próprio líquido. O leite que espirra gera um movimento com um desenho de beleza singular. Com seu centro no ponto de impacto, uma espécie de colarinho perfeitamente circular se amplia e depois se desmancha em finas serrilhas, cada uma encimada por uma minúscula pérola de leite.

O autor era biólogo. Queria demonstrar com essa imagem que uma forma complexa do mundo físico, de aparição tão fugidia que só a cronofotografia podia captar e fixar, é semelhante à que assumem lentamente, ao longo de seu crescimento, organismos marinhos celenterados, como hidras e medusas. O livro contém muitos exemplos desse tipo. Da observação desses paralelos, conclui-se que o mundo físico e o mundo biológico obedecem às mesmas leis morfológicas. Essas leis traduzem relações invariantes que podem ser formuladas em linguagem matemática.

Para o historiador e para o etnólogo, a capa do livro de Thompson inspira outros tipos de comparação, que os incitam a alargar a tese do biólogo escocês para nela incluir as produções do espírito humano. O desenho que se forma no leite prefigura com perfeição um objeto fabricado cuja concepção parecia ser totalmente arbitrária; falo de uma coroa, mais

---

[1] Publicado em *La Repubblica*, 21 de maio de 1991.
[2] D'Arcy Wentworth Thompson, *On Growth and Form* (Cambridge: Cambridge University Press, 1917).

precisamente uma coroa de conde: segundo a arte heráldica, um círculo de metal que se alarga no alto, dividido em pontas, cada uma encimada por uma pérola (dezesseis, na verdade, em vez das 24 que se formaram no leite; este número deve-se provavelmente à viscosidade do líquido). Na hierarquia nobiliária francesa, o título de conde vem depois dos de duque e marquês. Todos os três comportam coroas abertas, ao contrário da coroa real (ou imperial), fechada, quer dizer, prolongada por semicírculos que se reúnem no topo. Na França, parece que essa coroa foi definitivamente adotada por Francisco I, para não ficar atrás de Henrique VIII, da Inglaterra, nem de Carlos V, que já usavam coroa fechada.

Se o mundo físico oferece a imagem da mais simples entre as coroas abertas (as de marquês e de duque são um pouco mais complicadas), não é difícil encontrar também a imagem da coroa fechada, pelo menos depois que a fotografia instantânea permitiu distinguir as fases de uma explosão atômica: a nuvem eleva-se primeiro, depois se alarga e se fecha (por uma analogia não menos significativa, evocamos com frequência a imagem de um cogumelo).

Assim constatamos que as coroas reais ou nobiliárias, objetos bizarros que poderíamos considerar caprichos da arte, sem correspondentes na natureza, antecipam o conhecimento de realidades ainda não percebidas — os estados mais fugidios da matéria. Melhor: a hierarquia dos símbolos heráldicos reflete diretamente aquela que podemos estabelecer entre os estados do mundo físico; do ponto de vista da instabilidade, o estado gasoso situa-se acima do estado líquido... No entanto, foi preciso chegar ao fim do século XIX e à cronofotografia para descobrir que o desenho que se forma no líquido prefigura uma coroa de conde, ao passo que o de uma explosão gasosa prefigura uma coroa real ou imperial, muito embora os homens que conceberam essas coroas e inventaram sua forma não tivessem como ver, por falta de meios de observação apropriados, uma representação dos fenômenos físicos que, sem saber, imitavam.

Daí vem uma primeira conclusão. A ourivesaria e a joalheria são sem dúvida artes em que a imaginação humana julga estar totalmente livre. No entanto, até as fantasias mais extravagantes são produto do espírito humano, que faz parte do mundo e que, antes de conhecê-lo de fora, contempla em si mesmo algumas das realidades desse mundo, mesmo acreditando fazer um trabalho de criação pura.

Isso não é tudo. Essas coroas, que representam estados instáveis da matéria em uma época em que a brevidade destes não permitia ainda captá-los, são recobertas de pedrarias. Em uma exposição apresentada em Paris que reúne o que subsiste dos tesouros reais,[3] pode-se ver a coroa da consagração de Luís xv. Originalmente, ela era ornada com 282 diamantes, 64 pedras preciosas coloridas — dezesseis rubis, dezesseis safiras, dezesseis esmeraldas, dezesseis topázios — e 230 pérolas (substituídas por cópias desde o século xviii). Sobre essa figuração, ainda inconsciente na época, de um dos estados mais instáveis da matéria (pois se trata de uma coroa fechada) foram engastadas (como em geral nas coroas reais e nobres) gemas que, como os metais de que as coroas eram feitas (ferro, prata, ouro), constituem os corpos mais estáveis do mundo físico, a ponto de podermos chamá-los de imperecíveis.

Em todos os tempos, e não apenas no caso das coroas, a arte da joalheria não teve como seu principal objetivo associar e combinar esses estados extremos que a matéria pode assumir? As joias que nos surpreendem e nos seduzem são aquelas que conseguem reunir da melhor maneira solidez e fragilidade: como aquelas folhas de ouro, leves e trêmulas, com que se enfeitavam as damas de Ur no terceiro milênio. Pode-se dizer que o ourives, o joalheiro sempre tiveram como meta, em todos os lugares, incrustar pedras duras, geométricas, incorruptíveis, em uma armação de metal precioso, evocando, pela fineza do trabalho, a graça, o capricho e a precariedade das formas vivas.

Ampliemos o problema. Os homens do passado não podiam imaginar a forma que, durante uma fração de segundo, assumem um líquido em movimento ou uma explosão gasosa. Uma imagem da instabilidade, no

---

[3] *Le Trésor de Saint-Denis*, no Museu do Louvre, em junho de 1991.

entanto, era-lhes imediatamente oferecida pela duração limitada da existência individual, resultante dos riscos a que está exposta ou simplesmente por causa da ordem da natureza. O nascimento de cada ser entre uma miríade de outros, sua breve passagem pela terra não são como ínfimos movimentos em um líquido ou explosões na superfície da grande corrente da vida? Enfeitando-se com substâncias ao mesmo tempo duras e duráveis, indiferentes ao tempo, os homens transpunham para o próprio corpo e procuravam superar a oposição entre o estável e o instável. Formulada em termos anatômicos, essa oposição equivale à do duro e do mole, que as pesquisas etnográficas atestam estar no primeiro plano das representações que os povos sem escrita faziam de seus corpos.

Os bororos do Brasil central, que conheci há mais de meio século, encontram nessa oposição o princípio de sua filosofia natural. Para eles, a vida significa atividade e dureza, e a morte, amolecimento e inércia. Em todo cadáver, humano ou animal, eles distinguem duas categorias: de um lado a carne mole e efêmera, de outro as partes incorruptíveis, como presas, garras e bicos para os animais, ou ossos, colares e enfeites de plumas para os humanos. Um mito conta que o herói civilizador "abriu essas coisas vis, as partes moles do corpo". Ele perfurou as orelhas, as narinas, os lábios para que essas partes fossem simbolicamente substituídas por coisas duras, entre as quais estão as unhas, as garras, os dentes, as presas, as conchas e as fibras vegetais, que são a matéria dos adornos, compreendidos da seguinte forma: os enfeites transformam o mole em duro, substituem as partes condenadas do corpo, que prefiguram a morte. São, mais precisamente, doadores de vida.

Pouco importa se essas matérias são raras ou comuns: o essencial é que sejam rígidas e duras. Quantas vezes vi um indígena, tendo perdido um enfeite de nariz, um pingente de orelha ou um botoque, precioso por seu material ou pelo trabalho, preocupar-se mais em substituí-lo rapidamente por um pedaço de madeira qualquer do que em encontrá-lo... Esses objetos montam guarda diante dos orifícios corporais, que são as mais vulneráveis entre as partes moles, expostas à penetração de seres ou influências maléficas. Não é à toa que a palavra aramaica que na Bíblia designa os brincos tem o sentido geral de "coisa santa". Outras partes do corpo, como pés e mãos, também requerem proteção, uma vez que são as mais expostas.

No Canadá, os indígenas da costa do Pacífico chamavam uma mulher que não tivesse as orelhas furadas de "sem orelhas" ou ainda de "sem boca", caso não tivesse o lábio perfurado e enfeitado. A mesma ideia é expressa por alguns indígenas do Brasil de forma mais positiva: segundo eles, o disco de madeira que inserem no lábio inferior, devidamente perfurado, dá autoridade a suas palavras, ao passo que os discos que usam incrustados nos lóbulos das orelhas tornam-nos capazes de compreender e assimilar o que dizem os outros.

Em tais concepções é inútil distinguir entre a joia e o amuleto. Os mais antigos enfeites conhecidos na Europa provêm de sítios pré-históricos que remontam a 30 mil ou 40 mil anos: dentes de animais perfurados ou com um buraco em que se passava um fio que os suspendia, mais tarde anéis ou rodelas de osso gravados, fragmentos de ossos esculpidos em forma de cabeça de cavalo, de bisão ou de cervo, todos medindo de três a seis centímetros, muito pequenos para que se imagine para eles uma função utilitária.

Mais proximamente, quem se lembra de que há alguns séculos ainda se conferia valor ao diamante porque se acreditava que protegia de envenenamentos, ao rubi porque afastava os miasmas deletérios, à safira por suas virtudes sedativas, à turquesa porque protegia dos perigos, à ametista — como atesta seu nome grego, *améthustos* — porque dissipava a embriaguez?

No Velho e no Novo Mundo, foi evidentemente o ouro que os homens viram como principal doador de vida. Ele brilha como o sol, suas propriedades físicas e químicas tornam-no inalterável. Sobre as virtudes do ouro reina a unanimidade. Mencionei há pouco os bororos, habitantes de uma região em que o ouro abundava, às vezes à flor da terra. Eles o nomeavam com uma palavra que significa aproximadamente "brilho endurecido do sol", em estreita correspondência com as crenças dos antigos egípcios, que viam o ouro como a carne brilhante e incorruptível do sol. Os poetas da Índia clássica, por sua vez, cantavam o ouro, o equivalente sobre a terra do sol no céu: "O ouro é imortal, o sol também; o ouro é redondo pois o sol é redondo. Na verdade, esta placa de ouro é o sol". Vinte e cinco ou trinta séculos mais tarde, Karl Marx, poeta nas horas vagas, retomará a comparação, sublinhando as qualidades estéticas (e não só econômicas) dos metais preciosos: "Em certa medida, eles são a luz solidificada que extraímos do mundo subterrâneo; a prata reflete todos os raios luminosos em sua mistura original, e o ouro, a cor mais poderosa, o vermelho".[4] Essa transmutação da luz, elemento impalpável, em um metal sólido nos traz de volta à oposição dialética entre o estável e o instável de que partimos.

A esse respeito, o cobre teve com frequência um papel comparável ao do ouro e da prata. Encontrado em pepitas ou lâminas, o ouro é imediatamente reconhecível: é puro e irradia todo seu brilho quando é recolhido. A mesma coisa acontece com o cobre quando encontrado em estado nativo, no qual, como o ouro, se presta a ser martelado. A mina de ouro mais antiga que se conhece é a que se explorava na atual Bulgária, à beira do mar Negro, no quinto milênio antes de nossa era. Além dos objetos de ouro, as escavações também encontraram ali objetos de cobre. No quinto milênio ainda, a América do Norte pré-colombiana, que, com exceção do México, ignorava o ouro, trabalhou o cobre e produziu abundantes objetos desse metal. Essa predileção pelo cobre persistiu até o século xx no Canadá e no Alasca, entre os indígenas da costa do Pacífico. Suas ideias sobre o cobre eram totalmente comparáveis àquelas que se nutriam sobre o ouro na Índia e no Egito antigos: substância solar, de origem sobrenatural, fonte de vida e de alegria, riqueza mais preciosa e símbolo de todas as outras.

Essas crenças desapareceram entre nós? Certamente não para o ouro, mas poderíamos crer que sim para o cobre, que nossa sociedade destina a usos industriais. Entretanto, volta e meia se pode ver em nossas revistas um anúncio publicitário cujo texto, ladeando a imagem de uma joia de cobre, diz: "O cobre, discreto mas vital, belo, eterno, brilhante, cintilante, universal, quente, rico, único. O cobre nos embeleza". Os mitos dos indígenas da costa do Pacífico dizem exatamente a mesma coisa.

[4] Karl Marx, *Para a crítica da economia política*, capítulo II.

Daí vem a atração que, independentemente de seu valor ou sua beleza, as joias exercem sobre o etnólogo. Elas ocupam um desses setores de nossa cultura em que persiste, impressionantemente vivo, o que chamei de "pensamento selvagem". Quando põem brincos nas orelhas, nossas mulheres e nós que as olhamos sabemos, ainda que de modo confuso, que tratam de fechar o corpo perecível usando substâncias imperecíveis. Ao converter as partes moles em partes duras, as joias realizam uma mediação entre a vida e a morte. Não será por isso que são passadas de geração a geração? E, se podem cumprir essa tarefa, é porque, reunindo as matérias mais estáveis encontradas na natureza a formas que, como a das coroas, evocam a instabilidade, ou associando sua dureza à nossa própria fragilidade, cada uma delas realiza em miniatura a alegoria de um mundo ideal em que não há contradições.

Retratos de artistas[1]

Entre as tribos das planícies da América do Norte, os homens pintavam cenas figurativas ou traços abstratos sobre peles de bisão e outros objetos. Para as mulheres, o bordado feito com espinhos de porco-espinho era a principal forma de expressão artística. Era uma técnica difícil, que levava anos para ser aprendida. Os espinhos, de comprimento e resistência variáveis de acordo com a parte do animal de que provinham, deviam ser primeiramente achatados, amaciados e tingidos. Depois, era preciso saber dobrá-los, amarrá-los, trançá-los, entrelaçá-los, costurá-los. Suas pontas podiam causar ferimentos terríveis.

Esses bordados em estilo geométrico, puramente decorativos à primeira vista, tinham significado simbólico. Eram mensagens cujo conteúdo e cuja forma tinham vindo à bordadeira em meditação. Com frequência, ela os obtinha na forma de uma revelação: via em sonho o motivo complicado que deveria realizar; este também podia se mostrar a ela num rochedo ou na encosta de uma falésia; ou ainda se apresentava como obra acabada. O suposto autor da revelação era uma divindade com duas faces, mãe das artes. Quando esta manifestava um novo motivo para uma mulher, as outras a copiavam, e o motivo entrava para o repertório tribal. A própria criadora tornava-se um personagem fora do comum.

---

[1] Publicado em *La Repubblica*, 23 de fevereiro de 1992.

Quando uma mulher sonhou com a Dupla Dama [contava um velho informante há cerca de um século], ninguém podia superá-la no que fazia. A mulher, no entanto, comportava-se como uma louca. Ria impulsivamente, agia de forma imprevisível. Deixava possuídos os homens que dela se aproximavam. É por isso que chamamos essas mulheres de Duplas Damas. Elas se deitam com qualquer um. Em todos os seus trabalhos, porém, ninguém faz melhor do que elas. São grandes bordadeiras com espinhos de porco-espinho, porque se tornaram muito hábeis. Fazem também trabalhos de homem.[2]

Esse surpreendente retrato de artista deixa para trás a imagem romântica e, mais tarde no século XIX, a do poeta ou pintor maldito, com todas as variações pseudofilosóficas concomitantes sobre as relações entre arte e loucura. Onde falamos em sentido figurado, as sociedades sem escrita falam em sentido próprio. Basta operar uma transposição para que as reconheçamos como não tão diferentes de nós — ou a nós mesmos como próximos delas.

No oeste do Canadá, no litoral do oceano Pacífico, os pintores e os escultores formavam uma categoria social separada. Eram designados por um nome coletivo que denotava estarem envoltos em mistério. O homem, a mulher e mesmo a criança que os surpreendiam trabalhando eram imediatamente condenados à morte. Tratando-se de sociedades fortemente hierarquizadas, a posição de artista transmitia-se por via hereditária entre nobres, mas admitiam-se também homens comuns cujos dons se destacavam. Em todos os casos, os candidatos passavam por ritos de iniciação longos e severos. Era preciso que um predecessor projetasse seu poder sobrenatural no corpo daquele chamado a sucedê-lo. Encantado pelo espírito protetor, o artista, então, desaparecia no céu. Na verdade, ficava mais ou menos tempo escondido na floresta antes de reaparecer em público investido de seus novos poderes.

As máscaras simples ou articuladas que representavam os diferentes espíritos e que apenas os escultores tinham a permissão e o talento para fabricar eram entidades temíveis. Segundo o testemunho de um

[2] J. R. Walker, *Lakota Belief and Ritual* (Lincoln: University of Nebraska Press, 1991), pp. 165-66.

índio letrado, datado do começo do século XX, a máscara de um protetor sobrenatural denominado Língua Fervente

> tinha o corpo como o de um cachorro. O chefe da tribo não a usava sobre o rosto ou sobre a cabeça porque a máscara tinha seu próprio corpo, e era tida como um objeto muito terrível. Era bem difícil fazer soar seu apito, hoje em dia ninguém mais sabe. Não se soprava com a boca, apertava-se com o dedo sobre determinado lugar. Desse ser sabia-se apenas que habitava um rochedo nas montanhas. Existia para essa máscara um canto próprio, que ficava escondido e que as pessoas comuns ignoravam. Só os filhos do chefe principal e do chefe de uma tribo vizinha conheciam. Ouvir a voz de Língua Fervente apavorava-os. As pessoas comuns ficavam aterrorizadas, e os príncipes e as princesas orgulhavam-se de poder tocá-lo. Ganhar o direito de exibi-lo custava muito caro.[3]

Os artistas decoravam também as fachadas das casas e as paredes, esculpiam os mastros, chamados erroneamente de "totêmicos", e confeccionavam instrumentos rituais. Principalmente, eram incumbidos de conceber, fabricar e manipular as máquinas teatrais que, nessa região da América do Norte, davam às cerimônias religiosas o aspecto de grandes espetáculos. Eram realizadas ao ar livre ou em grandes casas de madeira com uma única sala, onde viviam várias famílias e que podiam receber muitos convidados.

Um relato indígena do século XIX fala de uma sessão durante a qual a fogueira no meio da sala foi subitamente inundada, como no fim do *Crepúsculo dos deuses*, por uma água vinda das profundezas. Um cetáceo imenso emergiu, bufou lançando água por seus espiráculos; depois mergulhou, a água desapareceu, e sobre o solo reconstituído foi possível acender novamente o fogo.[4]

Os inventores e realizadores dessas prodigiosas máquinas não tinham o direito de cometer nenhum erro. Franz Boas publicou em 1895 o relato de uma cerimônia em que a atração principal, se posso chamar

---

[3] F. Boas, *Tsimshian Mythology* (Bureau of American Ethnology, 31st Annual Report, 1916), p. 555.
[4] M. Seguin (ed.), *The Tsimshian. Images of the Past, Views of the Present* (Vancouver: University of British Columbia), p. 164.

assim, devia ser a volta entre os seus de um homem de quem se dizia que teria vivido no fundo dos mares. Os espectadores reunidos na praia viram emergir um rochedo que se abriu em dois e de onde saiu o homem. Maquinistas escondidos num bosque manobravam de longe o engenho com cordas. A operação deu certo duas vezes. Na terceira, as cordas se embaraçaram, o rochedo artificial afundou, e o herói morreu afogado. Imperturbável, sua família anunciou que ele havia escolhido viver no fundo do oceano, e a festa continuou como previsto. Depois da partida dos convidados, porém, os pais do defunto e os responsáveis pelo desastre amarraram-se juntos e, do alto de uma falésia, atiraram-se no mar.[5]

Conta-se também que, para encenar o retorno à terra de uma iniciada, os artistas construíram com peles de foca uma baleia que fariam nadar e mergulhar acionada por cordas. Preocupados com o realismo da cena, tiveram a ideia de fazer ferver em seu interior água com pedras quentes para que o vapor jorrasse por seus espiráculos. Uma pedra caiu, queimou a pele, e a baleia afundou. Os organizadores da cerimônia e os autores da máquina suicidaram-se, sabendo que seriam condenados à morte pelos guardiões do segredo desses ritos.[6]

Todos esses relatos provêm dos indígenas tsimshian, que vivem na costa da Colúmbia britânica. Seus vizinhos haidas, das ilhas da rainha Charlotte, bem em frente, falam de aldeias maravilhosas situadas no fundo do mar ou no coração das florestas, totalmente povoadas por artistas com quem, por meio de encontros, os indígenas aprenderam a pintar e a esculpir.[7] Esses mitos afirmam também que as belas-artes têm origem sobrenatural. Entretanto, nas cerimônias religiosas que aparecem nos exemplos que dei, tudo é evidentemente artifício: desde a sessão solene durante a qual o iniciador finge (mas será que, em alguma medida, acredita?) ser visitado por seu protetor sobrenatural, ter seu corpo arrancado e lançado violentamente no corpo do noviço escondido sob um tecido, enquanto soa o apito, emblema sonoro do espírito em questão, passando pela fabricação de máscaras articuladas e de autômatos, que devem manifestar a presença e o comportamento

---

5   F. Boas, "The Nass River Indians", in *Report of the British Association for the Advancement of Science for 1895*, p. 580.
6   M. Seguin, op. cit., pp. 287-88.
7   J. R. Swanton, *Haida Texts* (Memoirs of the American Museum of National History, XIV, 1908), pp. 457-89.

dos espíritos, até a montagem, por fim, dos grandes espetáculos, como os que foram descritos nesses últimos testemunhos.

É a emoção estética sentida diante de um espetáculo bem realizado que valida retrospectivamente a crença em sua origem sobrenatural — até mesmo, é preciso admitir, para seus criadores e atores, que, conscientes de seus truques, só poderiam ver esse laço como uma realidade, no máximo, hipotética: "Afinal, era verdade, pois, apesar das dificuldades que enfrentamos, acabou dando tudo certo". E, ao contrário, um espetáculo fracassado, que deixa a fraude evidente, arriscava arruinar a convicção desses povos de que entre o mundo humano e o mundo sobrenatural existia uma continuidade. Convicção necessária, já que nas sociedades hierarquizadas o poder dos nobres, a subordinação das pessoas comuns e a sujeição dos escravos encontravam sua aprovação na ordem sobrenatural, de que, consequentemente, a ordem social dependia.

Não infligimos a morte física (e mesmo econômica e social?) àqueles que julgamos artistas sem talento, incapazes de nos alçar acima de nós mesmos, e não estabelecemos sempre uma ligação entre a arte e o sobrenatural? Esse é o sentido etimológico da palavra "entusiasmo", com que qualificamos espontaneamente a emoção sentida diante de obras de arte. Falava-se do "divino" Rafael, e a língua inglesa dispõe da expressão *out of this world*. Neste caso, também, basta transpor as crenças ou as práticas que nos surpreendem ou que nos contrariam do sentido próprio ao figurado para que possamos reconhecer nelas uma familiaridade com as nossas.

Acontece que essa mesma região da América em que a condição do artista aparece de modo bem sinistro — localizado no topo da escala social, mas dedicado a enganar, forçado a suicidar-se ou a ser morto em caso de fracasso — legou-nos um retrato poético e cheio de charme do artista. Vizinhos dos tsimshian, os tlingit do Alasca contam em um de seus mitos que um jovem chefe das ilhas da rainha Charlotte tinha uma mulher que amava ternamente. Ela ficou doente e, apesar dos cuidados que lhe foram dedicados, morreu. O marido, inconsolável, correu por toda parte procurando um escultor que soubesse reproduzir os traços da falecida. Nenhum era capaz. Nessa mesma aldeia, porém, vivia um escultor muito ilustre. Ele encontrou um dia o viúvo e disse: "Você vai de aldeia em aldeia e não encontra ninguém para fazer uma imagem de sua mulher, não é mesmo? Eu a via frequentemente quando vocês passeavam juntos. Nunca estudei seu rosto pensando que um dia você gostaria de representá-lo em uma escultura, mas, se me permite, eu gostaria de tentar".

O escultor conseguiu um tronco de tuia e começou o trabalho. Quando acabou a obra, revestiu-a com as roupas da morta e convocou o marido. Este, felicíssimo, levou a estátua e perguntou ao escultor quanto lhe devia. "O que você quiser", respondeu o outro, "mas foi por simpatia por seu sofrimento que agi, por isso não me dê muito." O jovem chefe, entretanto, pagou muito bem o escultor, em escravos e outras riquezas.

O artista tão célebre que mesmo uma personalidade importante não ousa contratá-lo; aquele outro que, antes de começar, acha normal estudar a fisionomia de seu modelo; o que não aceita que o vejam trabalhando ou cujas obras custam muito caro, e que, dependendo da ocasião, sabe mostrar-se humano e desinteressado: não é esse o retrato ideal de um grande pintor ou escultor, mesmo contemporâneo? Gostaríamos muito que todos os nossos fossem iguais. Mas continuemos ouvindo o mito.

O jovem chefe tratava a estátua como se fosse viva; um dia, teve até a impressão de que ela se mexia. Os visitantes extasiavam-se com a semelhança. Muito tempo depois, ele examinou o corpo e constatou que ficara muito parecido com o de um ser humano (e podemos supor como a história continua). Um pouco mais tarde, a estátua emitiu um barulho como o de madeira que racha. Levantaram-na e descobriram uma pequena tuia que crescia embaixo. Deixaram-na crescer, e é por isso que as tuias das ilhas da rainha Charlotte são tão bonitas. Quando se procura e se encontra uma bela árvore, diz-se: "Ela é como o bebê da mulher do chefe". Quanto à estátua, mexia-se de vez em quando; nunca ninguém a ouviu falar, mas o marido via em sonhos que ela se dirigia a ele e ouviu o que ela lhe dizia.[8]

---

8 J. R. Swanton, *Tlingit Myths and Texts* (Bureau of American Ethnology, Bulletin 39, 1909), pp. 181-82.

Os tsimshian (a quem os tlingit, admiradores de seus talentos artísticos, faziam encomendas de bom grado) contam a história da estátua de madeira de outra forma. O viúvo é que teria esculpido uma estátua da falecida. Ele a tratava como se fosse viva e fingia conversar com ela fazendo perguntas e dando as respostas. Duas irmãs entraram um dia em sua cabana e se esconderam, viram o homem beijar e abraçar a estátua de madeira. Isso as fez rir, o homem descobriu e convidou-as para jantar. A mais nova comeu com moderação; a mais velha devorou a comida e, mais tarde, enquanto dormia, foi atacada por cólicas e se sujou com suas fezes. A mais nova e o viúvo decidiram se casar e, de comum acordo, guardar seus segredos: ele queimaria a estátua e se calaria com relação ao que se passara com a irmã mais velha; ela não contaria a ninguém "o que ele fazia com a estátua de madeira".[9]

O paralelismo entre o abuso (quantitativo) da relação com a comida e o abuso (qualitativo) da relação sexual é marcante, pois se trata nos dois casos de um abuso de comunicação: comer em excesso e copular com uma estátua como se fosse um ser vivo são condutas de tal modo comparáveis, em registros distintos, que as línguas do mundo (o francês também, de modo metafórico) usam com frequência as mesmas palavras para dizer "comer" e "copular". No entanto, o mito tlingit e o mito tsimshian não tratam o tema da mesma maneira. O mito tsimshian reprova a confusão entre um ser humano e uma estátua de madeira. É verdade que esta é obra de um amador e não de um profissional, e vimos em que mistério os escultores e os pintores tsimshian envolviam seus trabalhos. Tomar arte por vida era ao mesmo tempo seu privilégio e sua obrigação. Mas, como essa ilusão criada pela obra de arte tinha como objetivo atestar a ligação entre a ordem social e a ordem sobrenatural, não seria admissível que um particular pretendesse aproveitar-se disso em benefício próprio. Aos olhos da opinião pública, representada pelas duas irmãs, a conduta do viúvo podia parecer escandalosa ou, no mínimo, ridícula.

O mito tlingit propõe uma concepção diferente da obra de arte. A conduta do viúvo não choca a opinião pública: todos correm para

---

9   F. Boas, *Tsimshian Mythology*, ed. cit., pp. 152-54.

admirar a obra de arte. Mas aqui a estátua é obra de um grande artista e (apesar ou por causa disso) fica a meio caminho entre a vida e a arte. Um vegetal só pode gerar outro vegetal, e uma mulher de madeira só pode dar à luz uma árvore. Da arte, o mito tlingit faz um reino autônomo: a obra estabelece-se aquém e além da intenção do autor, que perde o controle sobre ela no momento em que a cria. Ela se desenvolverá de acordo com sua própria natureza. Dito de outro modo, a obra de arte se perpetua ao gerar outras obras de arte que, para os contemporâneos, pareçam mais vivas que as precedentes.

Contempladas na escala dos milênios, as paixões humanas se confundem. O tempo não acrescenta e não tira nada dos amores e ódios experimentados pelos homens, de suas relações, de suas lutas e de seus desejos: antes e hoje, são sempre os mesmos. Suprimir ao acaso dez ou vinte séculos de história não afetaria de modo sensível nosso conhecimento sobre a natureza humana. A única perda irreparável seria a das obras de arte criadas nesses séculos, pois é apenas por meios destas que os homens se diferenciam e existem. À maneira da estátua de madeira que pariu uma árvore, só as obras carregam a evidência de que, no correr do tempo, alguma coisa realmente aconteceu entre os homens.

Montaigne e a América[1]

É simbólico que o centenário da morte de Montaigne coincida, com um século de diferença, com o da descoberta da América: celebram-se neste ano o quarto centenário de uma e o quinto da outra. Ninguém melhor do que Montaigne soube compreender e formular tão bem as transformações que a descoberta do Novo Mundo traria às ideias filosóficas, políticas e religiosas do Velho Mundo.

Até então, a opinião, mesmo a opinião culta, não parecia perturbada pela notícia dramática de que representava apenas uma metade do gênero humano. A descoberta "de uma vastidão infinita de terra firme", como diz Montaigne, "não de uma ilha ou um país isolado, mas de uma área com tamanho mais ou menos igual ao daquela que conhecemos", não continha nenhuma revelação. Confirmava apenas o que se sabia pela Bíblia e pelos autores gregos e latinos: existiam terras distantes — Éden, Atlântida, Jardim das Hespérides, Ilhas Afortunadas — e raças estranhas, já descritas por Plínio. Os costumes dos indígenas do Novo Mundo não traziam nada de muito novo, comparados aos dos povos exóticos já conhecidos pelos antigos. O testemunho destes, por sua vez, ganhava confirmação. À beira do século XVI, reconfortada em suas certezas, a consciência europeia podia voltar-se para si, para dentro. Para ela, a descoberta da América não inaugurava tempos modernos. Fechava um capítulo que o Renascimento havia começado com a

---

[1] Publicado em *La Repubblica*, 11 de setembro de 1992.

descoberta, tida como muito mais importante, do mundo antigo, por meio das obras gregas e latinas.

Nascido em 1533, Montaigne começa a refletir um pouco mais tarde; e sua curiosidade sempre alerta leva-o a buscar informações sobre o Novo Mundo. Serve-se de duas fontes: os primeiros cronistas espanhóis das conquistas e os relatos, recém-publicados, de viajantes franceses que, na costa do Brasil, tinham convivido com os indígenas. Chegou até a conhecer uma dessas testemunhas e, como se sabe, encontrou-se com alguns selvagens, levados a Rouen por um navegador.

A confrontação dessas fontes torna Montaigne consciente de uma diferença, que os americanistas continuam fazendo, entre as grandes civilizações do México e do Peru e as humildes culturas das terras baixas da América tropical: de um lado, populações densas que não deixavam nada a dever à Europa em sua organização política, na magnificência de suas cidades, no refinamento de suas artes; do outro, pequenos grupos organizados em aldeias, ainda usando instrumentos rudimentares e que surpreenderam Montaigne de outro modo: ele se maravilhou com o fato de que a vida em sociedade, para existir, precisasse de "tão pouco artifício e tão pouca soldadura humana".

Esse contraste orienta o pensamento de Montaigne em duas direções. Os selvagens do Brasil (ou, como ele os chama, "meus canibais") levam-no a pensar nas condições mínimas necessárias para que a vida social seja possível, ou, dito de outra forma: qual a natureza do laço social? Encontram-se esboços de respostas espalhadas nos *Ensaios*, mas logo se torna claro que, ao formular o problema, Montaigne lança as bases sobre as quais Hobbes, Locke, Rousseau construirão toda a filosofia política dos séculos XVII e XVIII. A continuidade entre Montaigne e Rousseau fica ainda mais evidente quando se vê que a resposta dada em *Do contrato social* por este último procede, como a interrogação inicial de Montaigne, de uma reflexão sobre fatos etnográficos: aquela realizada por Rousseau em *Discurso sobre a origem e os fundamentos da desigualdade entre os homens*. Seria quase possível afirmar que as lições levantadas por Montaigne a partir dos indígenas do Brasil desembocam, por meio de Rousseau, nas doutrinas políticas da Revolução Francesa.

Os astecas e os incas trazem outra questão, pois seu nível de civilização distancia-os das leis naturais. Estariam talvez no mesmo nível de gregos e romanos: armas comparáveis teriam bastado para protegê-los das "vitórias mecânicas" que as armaduras, as armas brancas e de fogo concederam aos espanhóis sobre seus povos, que, nesse sentido, estavam ainda atrasados. Montaigne descobre assim que uma civilização pode apresentar dissonâncias internas e que entre as civilizações existem dissonâncias externas.

O Novo Mundo oferece estranhos exemplos de similitude entre seus costumes e os nossos, presentes ou passados. A ignorância em que estávamos uns em relação aos outros, porém, exclui a possibilidade de que os indígenas americanos tenham nos copiado (ou vice-versa). E, uma vez que dos dois lados do Atlântico outros costumes diferem e até se contradizem, não haveria como descobrir um fundamento natural em nenhum deles.

Para sair do impasse, Montaigne enxerga duas soluções. A primeira seria voltar-se para o tribunal da razão, diante do qual todas as sociedades, passadas ou presentes, próximas ou distantes, podem ser qualificadas como bárbaras, pois seus desacordos — ou concordâncias acidentais — não têm outro fundamento senão o costume.

Por outro lado, "cada um chama de barbárie o que não é de seu costume". Não existe, porém, crença ou costume — por mais bizarro, chocante ou revoltante que pareça — que, devolvido a seu contexto, não encontre explicação. Na primeira hipótese, nenhum costume se justifica — e todos se justificam, na outra.

Desse modo, Montaigne abre para o pensamento filosófico duas perspectivas entre as quais este continua dividido até hoje. De um lado, a filosofia do Iluminismo, que submete todas as sociedades históricas à sua crítica e acalenta a utopia de uma sociedade racional. De outro, o relativismo, que rejeita todo critério absoluto que uma cultura possa invocar a fim de julgar culturas diferentes.

Desde Montaigne, e seguindo seu exemplo, não paramos de procurar uma saída para essa contradição. Neste ano de 1992, em que comemoramos ao mesmo tempo a morte do autor dos *Ensaios* e a descoberta do Novo Mundo, vale lembrar que essa descoberta não nos trouxe apenas, no plano material, produtos alimentícios, industriais e medicinais que transformaram totalmente nossa civilização. Ela está também na origem, graças a Montaigne, das ideias que alimentam nossa reflexão e dos problemas filosóficos que ele foi o primeiro a levantar. Para o pensamento contemporâneo, esses problemas não perderam a acuidade, muito ao contrário. Mas, passados quatro séculos, ninguém conseguiu analisá-los de modo mais profundo e mais luminoso do que Montaigne em seus *Ensaios*.

Pensamento mítico e pensamento científico[1]

Durante o século xx, o conhecimento científico fez mais progressos do que nos dois milênios anteriores. E, no entanto — curioso paradoxo —, quanto mais a ciência avançava, mais a reflexão filosófica sobre a ciência mostrava-se modesta. No século xvii, com Locke e Descartes, os filósofos convenceram-se de que os conhecimentos que provêm dos sentidos são enganosos. Atrás do que percebemos como cores, sons e cheiros existem apenas o espaço e o movimento. Ao menos se acreditava residir aí a substância do real. Um século mais tarde, Kant denunciaria essa ilusão, afirmando que o espaço e o tempo são também formas de nossa sensibilidade. O espírito humano impõe suas restrições ao mundo e, quando pretende raciocinar além dos próprios limites, choca-se com insolúveis contradições. Esse estreitamento, porém, é também nossa força: o mundo como o percebemos obedece por definição às regras de nossa lógica, pois é apenas a refração de uma realidade incognoscível através da arquitetura do espírito.

Desde o nascimento da astrofísica e da física quântica, tivemos de renunciar mesmo a essa pretensão, pois, sob seus novos aspectos, a ciência nos confronta com uma incompatibilidade entre o que julgamos possível conhecer e as próprias regras de funcionamento do pensamento. A ideia de que o universo tem uma história que começou com o que se convencionou chamar de *big bang* devolve a realidade ao tempo

[1] Publicado em *La Repubblica*, 7 de fevereiro de 1993.

e ao espaço, mas obriga também a admitir que — se a expressão não for monstruosamente contraditória — houve um tempo em que o tempo ainda não existia e houve um universo embrionário que ainda não estava no espaço, pois o espaço surge com ele. E quando os astrofísicos explicam aos leigos, ou seja, a todos nós, que o universo tem um diâmetro conhecido de uma dezena de bilhões de anos-luz, que nossa galáxia e suas vizinhas deslocam-se à velocidade de seiscentos quilômetros por segundo e assim por diante, é preciso confessar que, para o comum dos mortais, essas são palavras vazias, a partir das quais não temos como criar uma representação do mundo.

Na escala do infinitamente pequeno, explicam-nos que uma partícula e mesmo um átomo podem estar aqui e em outro lugar, por toda parte e em nenhuma parte, comportar-se às vezes como uma onda e às vezes como uma partícula: todas as proposições fazem sentido para o cientista, pois nasceram de cálculos matemáticos e de experiências de tal complexidade que só eles podem interpretá-las. Elas são, no entanto, intraduzíveis em linguagem comum, pois violam as leis do pensamento lógico, a começar pelo princípio de identidade.

É preciso constatar: fenômenos que, grandes ou pequenos, se dão em ordens de grandeza que por muito tempo permaneceram insuspeitas chocam o senso comum da mesma maneira que as mais extravagantes construções míticas. Para o não especialista, e mais ainda para o homem comum, o mundo que os físicos a seu modo tentam descrever reconstitui uma espécie de equivalente do que nossos distantes ancestrais concebiam como um mundo sobrenatural, em que tudo se passa diferentemente do mundo ordinário, e muitas vezes às avessas. Para tentar imaginar esse mundo sobrenatural, os antigos e, mais perto de nós, os povos sem escrita, inventavam mitos. E é interessante constatar que, ao fazê-lo, às vezes prefiguravam fábulas semelhantes às que hoje em dia os físicos imaginam quando tentam pôr a nosso alcance o resultado de suas pesquisas e as hipóteses que delas derivam.

Eis um belo exemplo com o qual podemos nos divertir ao reconhecer a transposição, para a escala macroscópica, de fenômenos que a física quântica descreve na escala microscópica. Um mito dos indígenas seneca (uma das cinco nações que compõem a confederação iroquesa) inclui um episódio curioso. Uma menina aceitou casar-se com um homem que sabia ser filho de uma poderosa feiticeira e seguiu-o até sua aldeia:

> O marido andava na frente, e eles chegaram a um ponto em que o caminho dividia-se em dois, formando uma espécie de anel alongado que se fechava mais adiante. Para sua grande surpresa, a mulher viu o marido duplicar-se e os dois corpos seguirem por uma e outra pista. Ficou estupefata, não sabendo que caminho ela mesma devia tomar. Felizmente [o mito não diz o que aconteceria em caso contrário] escolheu o da direita e logo constatou que as duas pistas se juntavam à frente e que nesse ponto os dois corpos de seu marido haviam se fundido novamente. Daí, dizem, vem o nome desse estranho personagem, que significa 'eles são dois caminhos que correm paralelamente'.

Um plural gramatical designa, portanto, um ser singular.

Assim, os iroqueses concebiam um mundo diferente daquele das experiências comuns, em que um corpo se comporta às vezes como uma onda que se difrata, às vezes como uma partícula que conserva sua individualidade. O mito de que faz parte esse episódio é muito comprido e muito complicado para que eu entre em detalhes. Bastará dizer que os protagonistas, que são gêmeos, passam seu tempo perdendo, achando, emprestando ou trocando seus olhos, um a um ou em pares, como se a visão, que pode ser monocular ou binocular, tivesse o papel de modelo fornecido pela natureza para uma operação que continua idêntica a si mesma transitando por apenas um canal ou por dois ao mesmo tempo.

Essa história sobre um homem que se divide quando dois caminhos se oferecem a ele é surpreendentemente parecida com os apólogos que os físicos elaboram quando, nos livros de divulgação científica, tentam nos fazer conceber que um feixe de partículas atravessando uma ou duas fissuras feitas numa tela comporta-se às vezes como onda e às vezes como partícula.

Fazendo essa comparação, protejo-me de todo misticismo. Não é legítimo criar ou sustentar uma confusão entre as formas de pensamento arcaicas e o pensamento científico. Aos olhos da experiência, um é válido e as outras não, mesmo que, para exprimir-se em linguagem comum, brotem de um mesmo léxico. A ideia de que a matéria seja constituída de átomos remonta a uma antiguidade bem longínqua, mas se tratava de uma hipótese gratuita, inverificável pelos meios de observação dependentes dos órgãos dos sentidos. Ela só ganharia validade quando aplicada a fenômenos e acontecimentos que, de tão diminutos, foram por muito tempo inacessíveis a nós. Em especial no caso da dualidade de onda e partícula.

Nos dois casos, no entanto, o interessante é que a pura especulação intelectual podia oferecer uma representação antecipada, certamente grosseira e confusa, de uma ordem de realidade que os homens não tinham condição de conhecer.

Considerada em suas origens, a filosofia grega esboçada há 2.500 anos pelos pré-socráticos convida às mesmas reflexões. Quando esses pensadores afirmam que a água, o fogo ou o ar constituem a realidade primordial de onde tudo nasceu, que essa realidade formava na origem um todo homogêneo, ou então que era e continua a ser composta de átomos, quando esses mesmos filósofos se interrogam sobre a natureza da existência e do futuro, da imobilidade e da mudança e assim por diante, exploram conceitos sem nenhuma referência ao real e preocupam-se somente em ver até onde vai sua ginástica intelectual. Dedicam-se a um inventário sistemático dos *possíveis* delimitados pelas restrições do espírito. Sua reflexão filosófica não se ocupa do mundo: ela cartografa modelos mentais, monta o quadro com espaços que no futuro poderão ou não ser preenchidos de acordo com o progresso dos conhecimentos; alguns ficarão provisória ou definitivamente vazios. Faltam o controle experimental e a prova dos fatos. Ainda não domesticado pelas disciplinas da pesquisa, o espírito embriaga-se com seu próprio poder e com a descoberta de suas virtualidades.

Exemplar a esse respeito, uma anedota contada por Plutarco em seus *Simpósios* tem como herói um dos mais famosos filósofos pré-socráticos. Um dia, quando Demócrito comia um figo, achou que este tinha gosto de mel e perguntou à criada de onde vinha a fruta. Ela indicou um pomar para onde Demócrito quis ser levado imediatamente a fim de ponderar e examinar o lugar e ali descobrir a causa da doçura. "Nem se dê ao trabalho", disse a criada, "pois, sem pensar, coloquei esses figos em um vaso que antes guardara mel." "Você me aborrece dizendo isso", respondeu Demócrito; "pretendo seguir minha ideia e procurarei a causa como se a doçura viesse do figo mesmo."

Segundo a tradição, Demócrito teria praticado a observação empírica. Nesse caso, seu primeiro movimento vai nessa direção, mas ele não resiste diante do prazer que teria ao exercitar seu pensamento, mesmo vazio e partindo de falsas premissas: detalhe secundário, observa Plutarco, a partir do momento em que há "um assunto e uma matéria próprios para se discorrer".

Sempre e por toda parte, desde que a humanidade existe, "seguir as próprias ideias" foi uma das mais constantes ocupações do homem. Esse exercício proporciona satisfação, encontra-se nele um interesse intrínseco e não se formula a questão de saber aonde a exploração conduzirá. É fato — a história do pensamento científico, e especialmente a da matemática, prova isso — que a exploração dos poderes do espírito conduz sempre a algum lugar, mesmo se séculos ou milênios tenham que passar antes que se descubra qual camada oculta do mundo real refletia-se nas ideias de ares fantásticos.

Os mitos de que os homens se nutriram durante tanto tempo talvez sejam isto também: uma exploração sistemática e nunca inútil dos recursos da imaginação. Os mitos põem em cena todo tipo de criaturas e de eventos absurdos ou contraditórios aos olhos da experiência comum, que cessarão de ser totalmente desprovidos de sentido em uma escala do real sem medida comum com aquela em que os mitos estavam inicialmente localizados. Mas por estarem já inscritas em pontilhado, por assim dizer, na arquitetura de um espírito "do mundo", as imagens do mundo propostas pelos mitos acabam cedo ou tarde se revelando adequadas a esse mundo e próprias a ilustrar alguns de seus aspectos.

A partir daí se compreende melhor por que um dos pais da física quântica, Niels Bohr, a fim de superar as aparentes contradições da física quântica, convidou seus contemporâneos a se voltarem para os etnólogos e os poetas. Para os etnólogos, porque, como ele disse há quarenta anos diante de um congresso de etnologia, "as diferenças tradicionais entre culturas humanas parecem em vários aspectos com as maneiras diferentes, mas equivalentes, segundo as quais a experiência física pode ser descrita". As imagens de onda e partícula, empregadas simultaneamente, são as únicas que podem nos fazer apreender as propriedades de um mesmo objeto — à maneira dos etnólogos, que só chegam a formar uma ideia da cultura, fenômeno humano universal, a partir de crenças, costumes e instituições que se contradizem uns aos outros e que são com frequência contraditórios eles mesmos.

Já os poetas, a fim de alcançar verdades situadas em um nível mais profundo que o da experiência comum, fazem um uso original e sintético da linguagem, multiplicando as perspectivas para definir os contornos de um objeto que continua fugidio e justapondo palavras com sentidos incompatíveis (os velhos gramáticos chamam-nos oxímoros). Poderíamos ainda acrescentar os mitos, pois cada um deles admite uma multiplicidade de variantes. Por meio de imagens diferentes e com frequência contraditórias, essas variantes procuram tornar perceptível uma estrutura que escapa aos esforços diretos de descrição.

Assim, o pensamento científico em sua forma mais moderna convida a reconhecer que, no âmbito da linguagem (e provavelmente desde sua origem), a metáfora e a analogia desfrutam de uma existência de pleno direito, como afirmava Vico ao se recusar a defini-las como "invenções engenhosas de escritores".[2] A evolução paralela das ciências humanas e das ciências naturais caminha no mesmo sentido. Também

---

2   Giambattista Vico, *La Science nouvelle* (1744), Livro segundo, segunda seção, capítulo II, v, parágrafo 409, traduzido do italiano e apresentado por Alain Pons (Paris: Fayard, 2001), p. 177; *La Scienza nuova* (1744), in *Opere*, tomo I, edição de Andrea Battistini (Milão: Mondadori/I Meridiani, 1990), p. 591. Para a citação seguinte, ver o mesmo parágrafo 409.

incita a ver na linguagem figurada um modo fundamental do pensamento, que o aproxima do real em vez de, como se pensava, afastá-lo. No século XVIII, Vico já denunciava "esses dois erros comuns dos gramáticos que consistem em dizer que a linguagem dos prosadores é própria e que a dos poetas é imprópria, e que a linguagem da prosa veio primeiro, seguida pela do verso". Segundo ele, o que foi verdade no começo da humanidade pode talvez voltar a sê-lo nos dias de hoje.

Somos todos canibais[1]

Até 1932, as montanhas do interior da Nova Guiné eram a última região totalmente desconhecida do planeta. Enormes defesas naturais protegiam os limites desse território. Garimpeiros, seguidos de perto por missionários, foram os primeiros a adentrar essa área, mas a Segunda Guerra Mundial interrompeu seu avanço. Apenas a partir de 1950 o mundo se deu conta de que esse vasto território era habitado por cerca de 1 milhão de homens que falavam diversas línguas de uma mesma família. Esses povos ignoravam a existência dos brancos, que logo tomaram como divindades ou como fantasmas. Seus costumes, suas crenças, sua organização social abririam para os etnólogos um campo de estudos insuspeitado.

E não apenas para os etnólogos. Em 1956, um biólogo americano, o doutor Carleton Gajdusek, descobriu na região uma doença desconhecida. Divididos em pequenos grupos, em cerca de 160 vilas e ocupando um território de aproximadamente 250 milhas quadradas,[2] os povos locais contavam um total de mais ou menos 35 mil indivíduos; uma pessoa em cem morria a cada ano vítima de uma degeneração do sistema nervoso central que se manifestava por um tremor incontrolável (daí o nome da doença: *kuru*, que significa "tremer" na língua do principal grupo afetado) e por uma perda progressiva da coordenação dos movimentos voluntários, seguida de infecções múltiplas. Depois de descartar a hipótese

---

[1] Publicado em *La Repubblica*, 10 de outubro de 1993.
[2] Em medida inglesa, milha quadrada, ou seja, uma área de 2.589.988,11 metros quadrados.

genética, Gajdusek demonstrou que a doença era causada por um vírus lento, particularmente resistente, que nunca foi isolado.

Era a primeira vez que se identificava em humanos uma doença degenerativa causada por um vírus lento, mas doenças de animais como a "tremedeira" do carneiro (em inglês, *scrapie*)[3] e a doença da vaca louca, que recentemente[4] assustou a Inglaterra, são muito parecidas. No homem, outra afecção degenerativa do sistema nervoso, a doença de Creutzfeldt-Jakob, tem incidência esporádica no mundo inteiro. Demonstrando que, da mesma forma como fez com o *kuru*, era possível inocular a doença de Creutzfeldt-Jakob em macacos, Gajdusek provou que ela é idêntica ao *kuru* (uma predisposição genética não foi totalmente descartada). Por essa descoberta, ganhou o prêmio Nobel de medicina em 1976.

No caso do *kuru*, a hipótese genética não combinava com as estatísticas. A doença atacava mulheres e crianças com mais frequência do que homens adultos, a ponto de haver, nas vilas mais afetadas, apenas uma mulher para dois ou três homens, às vezes até para quatro. Surgido, ao que parece, no começo do século XX, o *kuru* teve também consequências sociológicas: diminuição da poligamia, crescimento proporcional do número de solteiros do sexo masculino e de viúvos com família, maior liberdade para as mulheres na hora de escolher um marido.

Mas, se o *kuru* tem origem infecciosa, faltava encontrar o vetor ou os vetores do vírus e a razão de sua distribuição anormal entre diferentes idades e gêneros. Procurou-se, sem êxito, a causa na alimentação e na condição insalubre das cabanas em que viviam crianças e mulheres (separadamente de seus maridos e de seus pais, que moravam em casas coletivas; os encontros amorosos aconteciam na floresta ou nos jardins).

Quando entraram na região, os etnólogos lançaram uma outra hipótese. Antes que a área fosse administrada pela Austrália, os grupos vítimas do *kuru* eram adeptos do canibalismo. Comer o cadáver de parentes próximos era forma de testemunhar afeição e respeito. Cozinhavam-se a carne, as vísceras, o cérebro; os ossos, moídos no pilão, acompanhavam os legumes. As mulheres, que se ocupavam do

---

3 Também no Brasil a doença é conhecida como *scrapie*. (N. T.)
4 Nos anos 1980 e 1990, a doença da vaca louca, ou encefalopatia espongiforme bovina, infectou 180 mil animais criados em fazendas na Europa, principalmente no Reino Unido, e contaminou humanos. (N. T.)

esquartejamento dos cadáveres e das outras operações culinárias, eram as que mais provavam essas refeições macabras. Pode-se supor que se contaminavam manipulando os cérebros infectados e que, por contato corporal, contaminavam seus filhos.

Parece que essas práticas canibais iniciaram-se na região na mesma época em que o *kuru* surgiu — e, desde que a presença dos brancos pôs fim ao canibalismo, o *kuru* foi declinando até praticamente desaparecer. Uma relação de causa e efeito poderia existir. A prudência, entretanto, impõe-se, pois as práticas canibais, descritas por indígenas com prodigioso luxo de detalhes, já haviam desaparecido quando as pesquisas começaram. Não se dispõe de nenhuma observação direta ou de algum trabalho de campo que permita afirmar que o problema esteja definitivamente resolvido.

*
* *

Há alguns meses, porém, na França, na Grã-Bretanha, na Austrália, a imprensa mobiliza-se em torno de casos da doença de Creutzfeldt--Jakob (idêntica, como disse, ao *kuru*) constatados depois que as vítimas tomaram injeções de hormônio extraído de hipófises humanas ou de enxertos de membranas provenientes de cérebros humanos (a hipófise é uma pequena glândula situada na base do cérebro). As injeções fazem parte de tratamentos que servem para combater, em primeiro lugar, os problemas de crescimento em crianças e, em segundo, a esterilidade feminina. Muitas mortes foram contabilizadas na Grã-Bretanha, na Nova Zelândia, nos Estados Unidos, ligadas aos tratamentos para a esterilidade; outras, mais recentemente, na França, em crianças tratadas com o hormônio do crescimento extraído de cérebros humanos, provavelmente mal esterilizados. Trata-se de um escândalo comparável àquele do sangue contaminado pelo vírus da Aids, que, numa escala bem maior, abalou a opinião pública francesa. Nos dois casos, as queixas apresentadas à justiça foram arquivadas.

Assim, a hipótese levantada pelos etnólogos e aceita por médicos e biólogos segundo a qual o *kuru*, doença ligada a algumas pequenas populações exóticas, teria sua origem no canibalismo, encontra uma ilustração surpreendente entre nós: nos dois lugares, doenças irmãs seriam transmitidas a crianças e mulheres que receberam, de maneiras totalmente diferentes, matéria cerebral humana. Um caso não prova o outro, mas existe entre eles uma analogia impressionante.

Estabelecer essas relações pode provocar protestos. Entretanto, que diferença essencial existe entre a via oral e a via sanguínea, entre ingestão e injeção, para introduzir em um organismo um pouco de substância de outro? Alguns dirão que o apetite bestial pela carne humana é o que torna o canibalismo horrível. Deveriam então usar essa condenação apenas para casos extremos e retirar da definição de canibalismo aqueles casos em que a prática se impõe como um dever religioso, muitas vezes obedecido com repugnância, com repulsa, que se traduz em mal-estar e vômitos.

A diferença que ficamos tentados a estabelecer entre, de um lado, um costume bárbaro e supersticioso e, de outro, uma prática fundada no saber científico não serve mais como prova. Muitos usos de substâncias tiradas do corpo humano, dotadas de valor científico aos olhos das antigas farmacopeias, são superstição para nós. E a medicina moderna proíbe há algum tempo esses tratamentos, antes tidos como eficazes, porque se revelaram inoperantes ou até perigosos. A fronteira é muito menos nítida do que gostaríamos de imaginar.

A opinião corrente, no entanto, continua a ver na prática do canibalismo uma monstruosidade, uma aberração tão inconcebível da natureza humana que alguns autores, vítimas desse preconceito, chegaram a negar que o canibalismo tenha sequer existido. Invenção de viajantes e de etnólogos, dizem eles. Para provar, afirmam que durante os séculos XIX e XX esses viajantes e etnólogos recolheram inúmeros testemunhos, no mundo inteiro, mas em nenhum caso uma cena de canibalismo foi diretamente observada por eles. (Deixo de lado os casos excepcionais em que seres humanos, prestes a morrer de fome, foram obrigados a comer seus companheiros já mortos, pois o que se contesta é a existência do canibalismo como costume ou instituição.)

Em um livro brilhante mas superficial, que fez grande sucesso junto a um público mal informado (*The Man-Eating Myth*, Oxford University Press, 1979), William Arens atacou em particular as ideias aceitas sobre o *kuru*. Se as histórias de canibalismo são fábulas nascidas, como ele afirma,[5] de uma cumplicidade entre os pesquisadores e seus informantes indígenas, não há mais razões para crer que na Nova Guiné o canibalismo esteja na origem do *kuru* ou que na Europa a doença de Creutzfeldt--Jakob se transmita também pela via do canibalismo: hipótese grotesca que ninguém nunca sustentou.

Acabamos de ver, no entanto, que é a realidade incontestável do segundo caso que, mesmo sem chegar a constituir prova cabal, confere maior verossimilhança ao primeiro.

*
* *

Nenhum etnólogo sério contesta a existência do canibalismo, mas todos sabem também que não se pode reduzi-lo a sua forma mais brutal, que consiste em matar inimigos para comê-los. Esse costume certamente existiu. No Brasil — para citar apenas um exemplo —, alguns viajantes antigos e os jesuítas portugueses que, no século XVI, viveram entre os indígenas e falavam sua língua foram suas testemunhas mais eloquentes.

Ao lado desse exocanibalismo, é preciso também considerar o endocanibalismo, que consiste em consumir — em grande ou pequena quantidade, fresca, putrificada ou mumificada — a carne crua, cozida ou carbonizada de parentes mortos. Nos confins do Brasil e da Venezuela, os indígenas ianomâmi, pobres vítimas, como sabemos, da exploração dos garimpeiros que invadiram seu território, consomem até hoje os ossos moídos de seus mortos.

O canibalismo pode ser alimentar (em tempos de penúria ou por gosto de carne humana), político (castigo de criminosos ou vingança

---

[5] Nas pp. 111-12 da obra citada.

contra inimigos), mágico (para assimilar as virtudes dos mortos ou, ao contrário, afastar suas almas), ritual (se ligado a um culto religioso, a uma festa dos mortos, a um rito de passagem para a vida adulta ou para assegurar a prosperidade agrícola). Pode também ser terapêutico, como atestam muitas prescrições da medicina em tempos antigos e, na Europa, em um passado não tão distante. As injeções de hipófise e enxertos de matérias cerebrais de que falei e os transplantes de órgãos, que se tornaram comuns hoje em dia, indiscutivelmente fazem parte da última categoria.

O fato de serem tão variadas as modalidades de canibalismo e tão diversas suas funções reais ou supostas leva a duvidar de que o conceito de canibalismo adotado comumente possa ser definido de modo preciso. Ele se dissolve ou se dispersa a partir do momento em que tentamos agarrá-lo. O canibalismo em si não tem uma realidade objetiva. É uma categoria etnocêntrica: só existe aos olhos das sociedades que o proíbem. Toda carne, qualquer que seja sua procedência, é comida canibal para o budismo, que crê na unidade da vida. Ao contrário, na África, na Melanésia, vários povos tomavam a carne humana como uma comida igual às outras — se não a melhor, a mais respeitável, pois só ela, diziam, "tem nome".

Os autores que negam a existência presente e passada do canibalismo acham que seu conceito foi inventado para cavar ainda mais fundo a cova que separa selvagens e civilizados. Atribuiríamos falsamente aos primeiros certos costumes e crenças revoltantes, a fim de aliviar nossa consciência e confirmar a crença em nossa superioridade.

Vamos inverter essa tendência e procurar entender o canibalismo em toda a sua extensão. Em modalidades e com fins em tudo diferentes conforme o tempo e o lugar, trata-se sempre de introduzir voluntariamente, no corpo de seres humanos, partes ou substâncias provenientes do corpo de outros seres humanos. Assim exorcizado, o conceito de canibalismo parece relativamente banal. Jean-Jacques Rousseau achava que a origem da vida social estava no sentimento que nos leva a nos identificarmos com outrem. E o meio mais simples de identificar outrem a si mesmo consiste, no final das contas, em comer o outro.

Em última análise, se os viajantes em terras distantes curvaram-se facilmente, e não sem complacência, diante da evidência do canibalismo, é porque, sob essa forma geral que permite abarcar a totalidade do fenômeno, o conceito de canibalismo e suas aplicações diretas ou indiretas estão presentes em todas as sociedades. Como mostra o paralelo que tracei entre os costumes da Melanésia e os nossos, pode-se até dizer que ele existe entre nós.

Auguste Comte e a Itália[1]

Fundador do positivismo, Comte conferiu à Itália um espaço crescente em seu sistema à medida que, nele, a filosofia das ciências perdia importância em favor da instauração de uma nova religião. É certo que a ideia religiosa, supostamente a única capaz de disciplinar o progresso por meio da ordem, nunca esteve ausente de seu projeto. De início, ele pensara em organizar sua igreja dando primazia, depois da França, às nações germânicas, em que o protestantismo e o espírito de livre exame haviam favorecido o desenvolvimento do pensamento racional. O Grande Sacerdote da Humanidade ficaria em Paris, assistido por um colégio composto de oito franceses, sete ingleses, seis alemães, cinco italianos, quatro espanhóis. Os italianos representariam o Piemonte, a Lombardia, a Toscana, o Estado romano e a região napolitana.

Ele evoca esse plano no primeiro tomo do *Sistema de política positiva*, publicado em 1851 e escrito nos meses precedentes (pois para Comte a publicação seguia-se imediatamente à redação: ele meditava muito tempo, depois escrevia de um só fôlego e não relia), ou seja, às vésperas da chegada de Cavour ao poder. Desde então ele já anunciava um outro plano. No quarto e último tomo, publicado em 1854, Comte explica que, se serviu ao nascimento da filosofia das Luzes, o protestantismo imobilizou-a no estágio do pensamento metafísico. Além disso, na ordem política, o protestantismo, incapaz por essência de gerar um poder espiritual, pôs a

[1] Publicado em *La Repubblica*, 21 de junho de 1994.

religião sob o jugo do poder temporal, como se viu na Inglaterra com a Igreja anglicana e nos estados protestantes na Alemanha.

Aos olhos de Comte, todavia, a separação dos dois poderes — um espiritual e o outro temporal — foi o maior êxito do catolicismo medieval, e a religião da Humanidade terá como primeira tarefa restabelecê-la. Nesse aspecto, os povos ocidentais resguardados do protestantismo e que preservaram melhor "a feliz cultura moral da Idade Média" serão também os mais aptos a reconstituir o ideal de nações temporalmente independentes, "mas espiritualmente ligadas por uma agregação livremente consentida".

Na evolução histórica do Ocidente, a etapa do negativismo protestante, em que pararam a Alemanha e a Inglaterra, ou a do deísmo voltairiano, no caso francês, não eram de modo algum inevitáveis. A Itália e mesmo a Espanha poderão facilmente ultrapassá-las, como a França ultrapassou o calvinismo. Para compensar seu aparente atraso, os meridionais passarão diretamente do catolicismo ao positivismo. Pois a religião da Humanidade, liberada do espírito teológico e da crença em uma revelação, será um novo catolicismo, tomando o termo no seu sentido etimológico de vocação à universalidade.

A partir desse momento, altera-se a ordem de precedência entre as nações. A França continua sendo o povo central, mas a Itália vem para o segundo lugar, seguida da Espanha, depois da Grã-Bretanha, com a Alemanha em último. Em torno do pontífice da Humanidade, cada país será representado por um superior nacional, além de outros três (não previstos no início) para "as expansões coloniais do Ocidente".

A Itália passa à frente da Espanha essencialmente porque sua inferioridade militar, resultante da falta de concentração política, manteve-a pura de toda colonização. "Frequentemente oprimido, o povo italiano nunca foi opressor", enquanto os povos ibéricos conservam de seu passado colonizador disposições opressivas que poderão, teme Comte, perturbar a harmonia do mundo ocidental.

Por outro lado, a vantagem do conjunto italiano reside em sua falta de concentração política. Comte diz estar convencido de que as aspirações à unidade nacional, tão vivas na metade do século XIX, limitam-se aos letrados — "intelectuais", diríamos hoje — e não têm raízes populares. O positivismo libertará a Itália do jugo austríaco, mas, obtendo isso, não dará ouvidos a "esses guias espirituais da população que não deixaram de lamentar a perda de sua antiga dominação e de sonhar com seu retorno universal". Mais de um século adiantado, Comte previa assim quais poderiam ser as consequências futuras, na Itália e na Espanha, da exacerbação do sentimento nacional, como aconteceu na França de sua época com a ditadura napoleônica, nascida dos ardores nacionalistas da revolução.

Na Itália, a unidade nacional seria uma aspiração retrógrada, pior ainda que as falsas agregações que o país apresenta atualmente (isto é, em 1850, não nos esqueçamos): "Sobretudo aquela cujo nome múltiplo indica a heterogeneidade, principalmente no grupo confuso que reúne, ao norte, cinco Estados incompatíveis".

*
* *

Comte é profundamente hostil aos Estados. Enxerga neles os produtos de um antigo regime guerreiro que, antes do advento da ciência positiva, "não podia empreender a conquista de um mundo que parecia tão invencível quanto inexplicável e em que cada associação parcial esforçava-se sobretudo por submeter as outras".

A nova religião precisará sem dúvida que se interponham, entre essas famílias e a Humanidade, corpos intermediários que podemos chamar de pátrias. Comte concebe-os como associações livres e duráveis, bem menos extensas que os Estados, fundadas no respeito às diversidades locais, reunindo espontaneamente populações rurais em torno de uma cidade preponderante — à maneira do que prevalecia na Idade Média e que a Itália soube, melhor que outros, preservar.

Caberá à França dar o exemplo aos demais países. Ela realizará seu próprio desmembramento e se dividirá em dezessete pequenas repúblicas. A Europa ocidental terá setenta delas, e o conjunto do planeta, quinhentas, cada uma composta em média de 300 mil famílias, do mesmo tamanho que a Toscana, a Sicília, a Sardenha. Comte mostra-se profético aqui? Observamos hoje, aqui e ali, na Europa e no restante do mundo, uma pressão das reivindicações minoritárias, uma exacerbação dos particularismos que, em alguns casos ao menos, levaram a desmembramentos de Estados.

É precisamente porque vive ainda, por volta de 1850, sob um regime de decomposição política, que a Itália se aproxima mais do estado normal das sociedades humanas. Se souber consentir que o desenvolvimento intelectual e moral se coloque à frente da agitação política, ela poderá, melhor que outros povos setentrionais, passar diretamente do catolicismo ao positivismo e preencher todas as condições que caracterizavam a sociedade da Idade Média.

Essas condições, para Comte, estavam mais ligadas ao sentimento do que à razão, pois eram principalmente morais. E é no terreno sentimental e moral que o gênio italiano afirma sua superioridade. Comte atribui-lhe a glória de sempre ter posto a arte à frente da ciência. Cultua aquele que chama de "o incomparável Dante", em parte, sem dúvida, por razões de ordem íntima: o amor platônico que dedicou a Clotilde de Vaux, morta prematuramente e transformada em madona da religião positivista, reproduz a seus olhos, para além dos séculos, aquele de Dante por Beatriz ou Petrarca por Laura: "É pelas mulheres que o positivismo deve penetrar na Itália e na Espanha".

Faz sete anos, escreve ele em 1853 (o que nos remete a 1846, ano da morte de Clotilde), que lê todas as noites um canto de Dante. Como o pontificado da religião da Humanidade terá sede na França, os outros Estados deverão renunciar à possessão de seus nobres restos mortais: passível ser "mais celebrado na principal sede da religião universal", o caixão de Dante, já levado de Florença a Ravenna, será transferido para Paris.

Para que a religião positiva possa se espalhar por todo o planeta, é preciso dotá-la de uma língua comum, necessariamente fundada em uma elaboração popular: não uma língua artificial, mas uma língua existente, que receberá aprovação unânime. Que língua poderia responder a essa exigência senão a italiana, aquela que melhor cultivou a poesia e a música, formada pela população mais pacífica e mais artística, a única pura de toda colonização?

O positivismo realizará então a fusão das cinco línguas ocidentais — francês, inglês, alemão, espanhol, italiano — "sob a presidência da mais musical". A língua de Dante e de Ariosto, tornada então sagrada pelas necessidades do culto da Humanidade, será a língua universal. Em outras palavras: se Comte tivesse alcançado seus objetivos, nas assembleias internacionais hoje em dia ouviríamos apenas o italiano, em vez do inglês...

Com a língua, a Itália dará sua contribuição para a nova ordem mundial. Só ela será capaz de fornecer também um complemento estético ao culto concreto da Humanidade. Ele incumbirá um gênio italiano, previamente convertido ao positivismo, de compor uma epopeia, um grande poema que celebre o fim da revolução ocidental "como a incomparável composição de Dante marcou seu início".

Esse poema da *Humanidade* que Comte garante ser incapaz de escrever deverá, no entanto, inspirar-se na "crise cerebral" de que foi vítima em sua juventude. Resultará disso um progresso decisivo em relação à obra de Dante. Excursão por diversos ambientes, esta se reveste de um caráter estático: traduz uma *visão*. Em vez disso, Comte fornecerá a matéria de uma *experiência vivida*. Durante sua loucura, trilhou o caminho inverso àquele que a humanidade percorreu ao longo da história, voltando do estado positivo ao estado metafísico, depois ao estado politeísta e enfim ao estado fetichista. Depois da descida, que durou três meses, tornou a subir a rampa ao longo de cinco meses. Essa oposição dinâmica ditará a estrutura do poema, que compreenderá treze cantos: um preliminar, idealizando a unidade cerebral; os três seguintes consagrados à descida mental do relativo ao absoluto, "aspirando sempre à harmonia completa sem nunca poder alcançá-la". Os oito cantos seguintes mostrarão o coração e o espírito ascendendo pouco a pouco rumo à unidade positiva, e o último idealizará a existência que voltou ao normal.

Com tal produção, o gênio italiano cumprirá a missão, ao mesmo tempo mental e social, cujo caráter mais poético que filosófico é ressaltado pela religião positiva: síntese que "a mais artística de todas as populações" terá a responsabilidade de realizar.

*
* *

Esse lugar eminente conferido à Itália, a suas artes e a sua língua esclarece um dos aspectos mais significativos do pensamento de Comte. Ele concebeu o progresso em três fases, conduzindo sucessivamente a humanidade do estado teológico ao estado metafísico e enfim ao estado positivo; mas, em seu pensamento, uma fase não suprime a que a precede. Mesmo realizando um salto decisivo, cada uma, e sobretudo a última, recupera e retoma o que compunha a riqueza dos estados anteriores.

É porque a Itália e, em menor grau, a Espanha conservaram traços arcaicos que elas poderão pôr a serviço do estado positivo uma riqueza afetiva que, por conta própria, ele não teria como produzir. Comte vai ainda mais longe, proclamando que, libertada a ciência de todo antropomorfismo, os recursos poéticos e estéticos do pensamento humano em suas origens poderão — doravante sem perigo para a ciência — ser reintegrados às crenças e práticas coletivas.

Chegando ao estado positivo, a humanidade não terá virado as costas ao fetichismo dos primeiros tempos (que talvez chamássemos hoje de mentalidade primitiva). Poderá, ao contrário, dar-lhe um novo lugar, à maneira de Dante, cuja obra não opõe, mas harmoniza, os dois modos históricos de representar o céu: como sede das influências astrológicas, segundo a herança pagã, e como providência de um Deus supremo, segundo o cristianismo.

Em sua última obra, *Síntese subjetiva*, da qual, antes de morrer, só pôde escrever e publicar um volume, Comte pensa ainda em Dante. Ali enuncia as regras que, nesse último estágio de seu pensamento, se aplicam ao mesmo tempo às obras filosóficas e poéticas e se inspiram numa aritmética concreta que atribui aos números primos um valor simbólico:

> As estrofes ou grupos terão a partir de então sete versos, e a estrutura e a sucessão combinarão os dois modos próprios da epopeia italiana, aliando a unidade da oitava e a continuidade do terceto, por meio do cruzamento das rimas e do encadeamento das estrofes. Sempre o primeiro verso de uma estrofe rima com o último da precedente [ou, antes, com o penúltimo], cuja consoante final é assim triplicada como as duas outras.

Se, em 1854, Comte sentia-se incapaz de compor ele mesmo o poema da *Humanidade*, para o qual pretendia apenas fornecer a matéria-prima a algum gênio italiano, a um novo Dante, doze anos depois ele acreditava ser possível dar forma poética a seu pensamento filosófico, e mesmo fundir os dois gêneros. O tomo primeiro da *Síntese subjetiva*, que conta perto de oitocentas páginas, apresenta-se como uma gigantesca composição submetida às regras da métrica. Cada frase tem no máximo 250 letras. A obra está dividida em sete capítulos compostos cada um de três partes, divididas em sete seções formadas por sete grupos de frases. Se substituirmos a frase pelo verso como elemento de base, encontraremos a divisão de cantos em estrofes tal como a praticou a "população mais artística". Mais uma vez, a referência é a Dante.

Como equivalente à rima, Comte inventa um jogo incrivelmente complicado de assonâncias. Cada frase tem como lema, por assim dizer, uma palavra emprestada de uma das cinco línguas ocidentais, mais o latim e eventualmente o grego, e a palavra, uma vez soletrada, fornece a sequência das iniciais (que têm elas mesmas outras palavras como lema) do começo de cada frase. A obra inteira repousa assim sobre uma combinação de palavras emblemáticas, de letras iniciais e de correspondências fonéticas, ao modo — Comte faz a comparação — dos acrósticos simples, duplos, triplos, quádruplos e às vezes até quíntuplos que estiveram em voga entre os poetas do Renascimento.

O que Comte parece não ver, no entanto, é que, estendido por oitocentas páginas, dezenas de milhares de linhas, centenas de milhares de palavras, o procedimento perde todo o sabor. Não se percebe mais nenhuma ligação entre o conteúdo e a forma. Mais precisamente, o conteúdo de uma obra filosófica que se baseia em ideias abstratas fica reduzido às formas. Comte toma consciência disso obscuramente quando reserva o gozo estético de sua construção a uma elite de iniciados:

> Ficaria surpreso que fosse imediatamente percebida por outros que não os positivistas completos, quer dizer, religiosos, aos quais [a obra] oferece uma aplicação universal e permanente de sua fórmula sagrada, combinando a ordem para o progresso com o amor.

Nesse sentido, pode-se dizer que Comte, muitas vezes profeta, mas dessa vez sem querer, prefigura uma ilusão frequente entre muitos artistas contemporâneos. Quer se trate de poesia, de pintura ou principalmente de música, trata-se de crer que — como toda obra capaz de suscitar a emoção estética é dotada de uma estrutura — basta inventar e implementar uma estrutura para que dela resulte a emoção estética. Podemos nos maravilhar com a engenhosidade de Comte, mas o trabalho de inteligência não cria a emoção estética se não tem seu ponto de partida na sensibilidade.

A admiração que Comte nutria pela Itália e por Dante não era despida de limites. A arte de Dante e a dos pintores do Renascimento posteriores a ele sofrem por terem nascido no momento em que a ordem feudal e a ambição de universalidade, que haviam feito a grandeza do catolicismo medieval, chegavam a seu fim: "A arte teve então que idealizar crenças e hábitos cujo declínio evidente vetava ao poeta e ao público aquela íntima convicção que toda grande impressão estética exige".

E Comte continua:

A incomparável composição de Dante caracteriza o concurso excepcional de dois impulsos contraditórios. Essa situação antiestética, em que tudo se transformava e até se desnaturava antes de ter sido idealizado, obrigou a arte a criar uma falsa saída, procurando, nas lembranças do tipo antigo, esses costumes fixos e pronunciados que ele não podia encontrar à sua volta.

Aplicando esse julgamento ao espírito do início do Renascimento italiano, Comte mostrava-se, como sempre, um poderoso analista e um grande filósofo da história. Não tinha, porém, nenhuma educação artística, o que explica sem dúvida que experimentasse um sentimento de desconforto diante da riqueza e da abundância das obras produzidas nessa época. Enxergava aí, de algum modo, um fenômeno patológico, efeitos de vãs tentativas de superar as contradições. "A admirável cultura italiana", escreve ele, "até aqui foi vista com frequência como excessiva, por não ter encontrado sua verdadeira destinação."

Podemos ainda assim duvidar de que, se tivesse convertido a Itália ao positivismo e desse modo dado à arte italiana uma "verdadeira destinação", Comte teria sabido propor algo diferente do bizarro aparato de regras em forma de enigmas, rimas e aliterações pelo qual exercitava, às vésperas de sua morte, o que imaginava serem suas faculdades poéticas. Curiosamente, essa ilusão faz dele um precursor das vanguardas excêntricas que floresceram no fim de seu século e ao longo do século XX, mais do que o digno continuador de Dante, cuja herança achava que tinha como missão recolher e perpetuar. Mas a Itália não produziu *também* o futurismo?

Variações sobre o tema de um quadro de Poussin[1]

"Pintor filósofo" — assim os contemporâneos chamavam Poussin. A monumental exposição em Paris[2] destinada a celebrar os quatrocentos anos de seu nascimento prova que ainda hoje seus quadros fornecem alimento para a reflexão.

Tomarei como exemplo *Eco e Narciso*, também chamado *A morte de Narciso*, ilustração de um mito antigo cuja carga poética e simbólica segue bem presente para nós. Ou terá sido à toa que as palavras "narcisista" e "narcisismo" entraram para a linguagem corrente?

De início, é a composição do quadro que chama atenção. Todas as linhas divergem. As pernas de Narciso separam-se à direita, os braços apontam para direções contrárias. Os corpos dos dois outros personagens, a ninfa Eco e o *putto* que segura uma tocha funerária, inclinam-se em direções opostas. Essa divergência com relação à verticalidade repete-se nos galhos da árvore que ocupa a metade superior do quadro. Por meios visuais, as orientações divergentes evocam o fenômeno acústico do eco que, ele também, se afasta progressivamente do chamado ou do grito que o fez nascer até perder-se na distância. Como num dos mais conhecidos sonetos de Baudelaire, essa sugestão de correspondência entre os dados sensoriais imprime ao quadro certa melancolia, certa tristeza nostálgica que a uniformidade do colorido acentua.

---

1 Publicado em *La Repubblica*, 29 de dezembro de 1994.
2 Exposição *Nicolas Poussin 1594-1665*, no Grand Palais, Paris, de outubro de 1994 a 2 de janeiro de 1995. (N. T.)

Nicolas Poussin (1594-1665),
Eco e Narciso, óleo sobre tela, 74 × 100 cm, *circa* 1629
(Paris, Museu do Louvre)

No verbete "Eco", o dicionário de Littré reúne citações tiradas de bons autores. São cerca de uma dúzia, e todas respiram nostalgia e doçura. A virtude principal que reconhecem no eco, parece, é a de reavivar por meio da repetição a lembrança querida de palavras ou cantos que não existem mais. Furetière,[3] que, como Poussin, viveu no século XVII, contenta-se em seu dicionário com um único exemplo, não menos instrutivo: "Os amantes infelizes fazem suas queixas ao eco". Os usos técnicos da palavra preservam essa tonalidade. Define-se eco em música como uma repetição suavizada: "Os ecos são muito agradáveis no órgão", diz Furetière. Em poesia, o eco serve para produzir um efeito grato.

Esse valor positivo que o pensamento ocidental destina ao eco — pois fora da França encontraremos inúmeros exemplos também — não é, no entanto, universal. Oferecerei como prova o valor negativo que os indígenas das duas Américas atribuem ao eco em seus mitos. Ele figura sob a forma de um demônio malévolo que irrita aqueles que o interrogam, repetindo obstinadamente suas perguntas. Quando o interlocutor se zanga, Eco espanca-o e deixa-o inválido, ou então amarra-o com intestinos humanos, que tem aos montes, em cestos repletos deles. Outras tradições dão à velha senhora Eco o poder de causar cãibras, o que é também um modo de paralisar suas vítimas.

É verdade que Eco às vezes se mostra capaz de ajudar. Um ogro interroga-o sobre a direção tomada por um fugitivo que tenta escapar dele. Eco atrasa-o, repetindo suas questões em vez de instruí-lo. Qualquer que seja seu adversário, Eco o imobiliza ou atrasa. Longe de estar, como entre nós, em conivência com quem fala e de colocar-se em uníssono com os sentimentos que o animam, o Eco americano sempre tem a função de criar obstáculos ou entraves.

Logo se vê onde reside a oposição. Para nós, o eco desperta a nostalgia. Para os ameríndios, é causa de mal-entendido: espera-se uma resposta que não vem. Uma contradição existe entre os dois termos. A nostalgia é um excesso de comunicação consigo mesmo: sofremos por lembrar coisas que seria melhor esquecer. Inversamente, o mal-entendido pode ser definido como uma falta de comunicação, dessa vez com o outro.

---

[3] Antoine Furetière (1619-1688), autor do *Dictionnaire universel contenant généralement tous les mots François, tant vieux que modernes, et les termes de toutes les sciences et des arts* (publicado postumamente em 1690). (N. T.)

Esse raciocínio parece abstrato e teórico, de um tipo pelo qual Baudelaire temia um dia ser criticado "porque talvez tenha errado ao evocar métodos matemáticos". No entanto, reflete fielmente o que dizem, no Velho e no Novo Mundo, os mitos sobre a origem do eco.

Os gregos e os esquimós (que se autodenominam inuit, e assim os chamaremos também a partir de agora) personificam o eco em uma jovem transformada em pedras. De acordo com uma das versões do mito grego, ela se recusou ao deus Pã porque conservava a nostalgia de Narciso, por quem se apaixonara e que, hostil ao amor, a rejeitara. No mito inuit, é ela quem se revela hostil ao amor e ao casamento e é abandonada pelos seus. Refugiada no alto de uma falésia, arrependida, lança propostas de casamento aos homens que vê ao longe, pescando em seus caiaques; eles, porém, não acreditam nela ou não a escutam. A nostalgia, motor do mito grego, transforma-se aqui em mal-entendido. E a inversão segue até o fim: enquanto a ninfa grega é desmembrada por pastores que, para vingar-se dela, Pã enlouqueceu, a heroína inuit desmembra-se ela mesma, transformando as partes de seu corpo em rochedos, o mesmo destino da heroína grega — voluntariamente produzido em um caso, passivamente sofrido no outro.

*
* *

As coisas, no entanto, não são tão simples (raramente são quando se comparam mitos). Se evidencia o tema da nostalgia, o mito de Narciso traz também o tema do mal-entendido. Escutemos a maneira como Ovídio conta, no terceiro livro das *Metamorfoses*, a história de Eco e de Narciso. Perdidamente apaixonada, ela o segue até o fundo do bosque. É incapaz, no entanto, de tomar a iniciativa, pois Juno (como punição por tentar distraí-la enquanto Júpiter vivia suas aventuras galantes) condenou Eco a não poder nunca ser a primeira a falar, a não poder se calar quando alguém lhe falasse e a só repetir as últimas palavras da voz escutada.

Quando Narciso, perdido de seus companheiros, inquieta-se e grita: "Tem alguém perto de mim?", Eco repete: "...mim". "Vem!", diz ele então, e ela o chama de volta. Como ninguém aparece, Narciso reclama: "Por que você foge?", palavras que Eco lhe devolve. Enganado pela voz que reproduz a sua, retoma a conversa: "Vamos nos unir". Eco, transbordando de alegria, responde: "...vamos nos unir", e se lança ao encontro de Narciso. Vendo-a, ele recua e exclama: "Quero morrer se me abandonar a seus desejos", e Eco repete: "...me abandonar a seus desejos" e assim por diante.

É um completo mal-entendido, mas diferente daquele pelo qual os mitos americanos responsabilizam Eco. Pois aqui os protagonistas, longe de se acusarem de incompreensão, imaginam estar conversando: Eco crê que as palavras de Narciso dirigem-se a ela, e ele acredita que alguém responde. Para os dois, o mal-entendido não parece existir, ambos lhe conferem conteúdo positivo, enquanto nos mitos americanos é sempre negativo.

E mais: o tema do mal-entendido, desta vez com o mesmo conteúdo negativo que tem na América, existe também no mito grego, transferido do registro auditivo para o visual. Narciso toma seu reflexo na água por outra pessoa cuja beleza o encanta e por quem se apaixona (sendo que antes rejeitava meninas e meninos). Uma vez apaixonado, descobre que se trata de si mesmo. Desesperado por saber que esse amor é impossível, acaba por morrer, ele também, das consequências do mal-entendido.

A melhor prova de que existe um fundo comum ao mito grego e aos americanos consiste em que, segundo o primeiro, do corpo de Narciso morto nasce a flor que leva seu nome (ela brota perto de sua cabeça no quadro de Poussin): o narciso, em grego *nárkissos*, de *narké*, que significa "dormência". Era esse o poder atribuído a essa flor cara às divindades infernais: ofereciam-se a elas coroas e guirlandas de narcisos, pois se acreditava que as Fúrias paralisassem suas vítimas. Desse ponto de vista, ouso dizer que o mal-entendido visual a que sucumbe Narciso encontra-se com o mal-entendido auditivo imputado, segundo os mitos americanos, ao demônio Eco, que paralisa suas vítimas afligindo-as com cãibras ou atando-as com intestinos.

Não será então surpreendente que o incesto — uma paralisia nas trocas matrimoniais — figure em nossos mitos, pois, como acontece com o eco, trata-se sempre da presença insólita do mesmo onde esperávamos encontrar o diferente. Uma versão do mito de Narciso mostra-o apaixonado por sua irmã gêmea. Ela morrera, e Narciso, tristíssimo, procurava rever sua imagem contemplando o próprio reflexo na água. Os mitos americanos também atribuem desejos incestuosos a um personagem parecido com o eco na maneira de repetir perguntas em vez de respondê-las. Essas condutas foram condenadas; e desde então, conclui o mito, o incesto foi proibido.

Se o mito grego exprime por meio do código visual o que os mitos americanos exprimem por meio do código auditivo, a recíproca seria igualmente verdadeira? Observam-se na América imagens visuais do eco correspondentes à representação que os gregos faziam dele no plano auditivo? Apenas os indígenas que vivem na costa canadense do oceano Pacífico parecem ter criado uma representação plástica do eco: um espírito sobrenatural, representado por máscaras de aparência humana e munidas de bocas intercambiáveis de urso, de lobo, de corvo, de sapo, de peixe, de anêmona-do-mar, de rochedo e assim por diante. O dançarino levava esses acessórios em um cesto preso à cintura e trocava-os discretamente para acompanhar o desenvolvimento do mito.

O eco não é caracterizado aqui pela repetição estéril e monótona, causa de dormência e de paralisia. O que essas máscaras com cem bocas evocam, ao contrário, é a plasticidade inesgotável do eco, seu poder sempre renovado de reproduzir os sons mais inesperados. As diferentes versões do mito grego também contrastam os dois aspectos: por vezes, Eco é condenada a reproduzir apenas a última parte das palavras que ouve; em outras versões, Eco é inocente e terá o poder de imitar todos os sons, faculdade para a qual as máscaras americanas fornecem uma representação visual.

É significativo que, em um dos casos, o mito destaque a linguagem articulada e, no outro, a música, pois para os gregos a música, muito superior à palavra, era um meio de comunicar-se com os deuses. Falante demais, Eco abusava da linguagem, e por isso se vê limitada a um uso mínimo desta. Mas, na outra versão, Pã não apenas desejava a ninfa como também invejava seus dons musicais, e por isso a partiu em pedaços e transformou seus membros em pedras — pedras onde, graças ao eco, continuará ressoando seu canto.

Um desvio para as Américas permitiu destacar o fundo comum aos mitos e explorar em todos os seus aspectos aquela divergência que parecia dominar a composição de Poussin. Divergência inerente ao fenômeno físico do eco, que, paradoxalmente, parece a um só tempo trivial e capaz dos mais surpreendentes resultados: daí a curiosidade que suscita e a atração que exerce sobre caminhantes e turistas. Divergência que também o quadro de Poussin manifesta pela inclinação em sentidos opostos da ninfa Eco e do pequeno emissário do mundo sobrenatural. Uma inclinada para a terra e confundindo-se, por obra da monocromia, com o rochedo; o outro voltado para o céu, onde se vê o único brilho de luz em todo o quadro: contrastes que, pelos meios complementares da composição e do colorido, reúnem em uma mesma imagem a nostalgia estéril da ninfa, o mal-entendido fatal de Narciso, a impotência e a onipotência do eco.

A sexualidade feminina e a origem da sociedade[1]

No século XIX e mesmo no início do XX, uma teoria em voga entre os antropólogos defendia que, nos primeiros tempos da humanidade, as mulheres teriam exercido a autoridade em questões familiares e sociais. Exibiam-se múltiplas provas desse suposto matriarcado primitivo: esculturas principalmente femininas e figuração frequente de símbolos femininos nas artes da pré-história; lugar preponderante destinado às "deusas-mães" na época proto-histórica, em toda a bacia do Mediterrâneo e além; povos ditos "primitivos", observados de nossos dias, em que o nome e o *status* social passam da mãe para os filhos; enfim, numerosos mitos recolhidos em todo o mundo com variações sobre o mesmo tema. Nos tempos antigos, contam esses mitos, as mulheres mandavam nos homens. A sujeição deles durou até que conseguissem apropriar-se dos objetos sagrados — instrumentos de música, geralmente — de que as mulheres extraíam seu poder. Transformados nos únicos detentores desses meios de comunicação com o mundo sobrenatural, os homens puderam estabelecer definitivamente sua dominação.

Atribuindo aos mitos uma verossimilhança histórica, ignorava-se o fato de que eles têm como função principal explicar por que as coisas são como são no presente, o que os obriga a supor que essas mesmas coisas fossem diferentes antes. Em resumo, os mitos pensam da mesma forma que os pensadores do século XIX, entusiastas do evolucionismo,

[1] Publicado em *La Repubblica*, 3 de novembro de 1995.

que se esforçavam por alinhar em série as instituições e os costumes observados mundo afora. Partindo do postulado de que nossa civilização era a mais complexa e a mais evoluída, viam nas instituições dos povos ditos primitivos uma imagem daquelas que teriam existido no começo da humanidade. E, como o mundo ocidental é regido pelo direito paterno, concluíam que os povos selvagens deviam ter praticado — e por vezes continuavam a praticar — um direito radicalmente oposto.

Os progressos da observação etnográfica puseram fim — em definitivo, parecia — às ilusões do matriarcado. Percebeu-se que tanto no regime de direito materno como no regime de direito paterno a autoridade pertence aos homens. A única diferença é que ela é exercida pelos irmãos das mães em um caso e pelos maridos no outro.

Contudo, sob a influência dos movimentos feministas e do que chamam nos Estados Unidos de *gender studies* — estudos sobre o papel atribuído às diferenças entre os sexos na vida das sociedades —, hipóteses de inspiração matriarcal voltaram com força. Fundam-se, porém, sobre uma argumentação muito diferente e bem mais ambiciosa. Ao realizar o salto decisivo da natureza para a cultura, a humanidade separou-se da animalidade e as sociedades humanas nasceram. Esse salto, no entanto, permanece um mistério se não pudermos designar alguma capacidade distintiva da espécie humana que o teria impulsionado. Conhecíamos duas: a fabricação de ferramentas e a linguagem articulada. Propomos agora uma terceira, que julgamos superior, pois, sem se deter nas faculdades intelectuais que as duas primeiras pressupõem, assenta-se no mais profundo da vida orgânica. O surgimento da cultura não seria mais um mistério, mas teria raízes na própria fisiologia.

De todos os mamíferos, o homem é o único que, segundo uma fórmula tradicional (cujo alcance ainda não avaliamos), pode fazer amor em todas as estações. As fêmeas humanas não têm uma ou várias épocas de cio. Diferentemente do que acontece entre os animais, não sinalizam para os machos, com mudanças de coloração ou emissão de odores, seus períodos de cio, isto é, aqueles propícios à fecundação e à gestação, e não se recusam durante os outros.

Nessa importante diferença estaria a deixa para o fator que teria tornado possível e mesmo determinado a passagem da natureza para a cultura.

Como comprovar a tese? É aí que as coisas se complicam, pois, na falta de qualquer demonstração possível, a imaginação voa.

Alguns evocam os costumes dos chimpanzés selvagens, cujas fêmeas, quando estão no cio, obtêm mais alimentos dos machos que as outras. Extrapolando astutamente, infere-se que, entre os humanos, quando a caça se tornou uma ocupação especificamente masculina, as mulheres que se mostravam sempre acessíveis recebiam deles uma parte maior dos animais caçados. Mais nutridas, mais robustas e por isso mais férteis, essas mulheres foram favorecidas pela seleção natural. A isso se juntaria outro benefício: dissimulando sua ovulação, essas mulheres forçariam os machos (impelidos, naqueles tempos primitivos, apenas pela necessidade de propagar seus genes) a lhes consagrar mais tempo que o demandado pelo simples ato reprodutivo. Assim, elas garantiriam para si uma proteção duradoura, cada vez mais útil à medida que, ao longo da evolução, as crianças que davam à luz tornavam-se maiores e seu desenvolvimento ocorria mais tardiamente.

Na contramão dessa teoria, outros autores afirmam que, ao não anunciar (os americanos dizem: *advertise*) seus períodos de cio, as mulheres tornaram mais precária e trabalhosa a vigilância exercida sobre elas por seus maridos. Estes não eram sempre os melhores procriadores; o interesse da espécie entrou em cena para que as mulheres pudessem aumentar suas chances de ser fecundadas por outros machos.

Chave do casamento monogâmico, em um caso; remédio para seus inconvenientes, no outro — temos aqui duas teorias que dão interpretações diametralmente opostas de um mesmo fenômeno. Em uma revista científica francesa altamente respeitável (pois as ideias vindas do lado de lá do Atlântico ganham influência também entre nós), encontrei, apresentada a sério, uma terceira teoria não menos fantasiosa. A perda do cio estaria na origem da proibição do incesto que sabemos ser, sob variadas formas, praticamente universal nas sociedades humanas. A perda do cio, afirma-se, e a disponibilidade constante que dela resulta teriam atraído muitos homens para cada mulher. A ordem social e a estabilidade dos lares ficariam comprometidas se as mulheres não se tornassem inacessíveis, com a proibição do incesto, àqueles mais expostos à tentação no âmbito de uma vida doméstica compartilhada.

Não se explica como, em sociedades muito pequenas, a proibição do incesto teria protegido as mulheres, mais desejáveis pela ausência de cio, de um "comércio sexual generalizado" com todos os outros machos com que convivem cotidianamente e que não são parentes próximos. Sobretudo, os adeptos dessa teoria parecem inconscientes do fato de que, de modo igualmente plausível (ou, antes, de modo igualmente inverossímil), seria possível sustentar a teoria exatamente inversa.

Afirma-se que o desaparecimento do cio ameaçava a paz dos lares e que foi preciso instaurar a proibição do incesto para enfrentá-lo. Ora, segundo outros autores, seria a existência do cio, ao contrário, que se revelaria incompatível com a vida social. Quando os humanos começaram a formar sociedades verdadeiras, surgiu o perigo de que cada fêmea no cio atraísse todos os machos. A ordem social não resistiria. O cio tinha que desaparecer para que a sociedade existisse.

Pelo menos essa última teoria apoia-se sobre um argumento sedutor. Os odores sexuais não desapareceram totalmente. Deixando de ser naturais, puderam tornar-se culturais. Seria essa a origem dos perfumes, cuja estrutura química continua muito parecida com a dos feromônios orgânicos — ainda hoje, os ingredientes que os compõem têm procedência animal.

Essa teoria abriu um caminho pelo qual houve quem enveredasse, invertendo novamente os dados do problema. Em vez de destacar a perda total do cio, afirma-se que as mulheres não tinham como dissimulá-lo de todo porque suas regras, mais abundantes que a de outros mamíferos, traíam-nas frequentemente, mostrando a todos que estavam entrando em um período de fertilidade. Competindo pelos machos, as mulheres inventaram uma tática. Aquelas que não estavam férteis e que por isso não chamavam a atenção dos homens trataram de enganá-los pintando-se com sangue ou com um pigmento vermelho que imitava sangue. Essa seria a origem das maquiagens (e depois, como vimos, a dos perfumes).

Nesse roteiro, as mulheres são hábeis calculadoras. Um outro roteiro nega-lhes todo talento desse tipo, ou melhor, transforma em vantagem a estupidez daquelas que, ignorantes de seus períodos de ovulação, teriam muito mais chances de propagar seus genes. A seleção natural as favorecerá à custa das mulheres mais inteligentes, que, entendendo a ligação entre copulação e concepção, saberão evitar a cópula durante o cio para poupar-se dos problemas da gestação.

Ao sabor dos caprichos dos elaboradores de teorias, a perda do cio aparece ora como vantagem, ora como inconveniente. Permite, dizem uns, consolidar os casamentos ou, dizem outros, remediar os riscos biológicos das uniões monogâmicas; evidencia os perigos sociais da promiscuidade, ou então os previne. Sente-se tontura diante de tantas interpretações contraditórias, que se destroem mutuamente. Quando é possível fazer com que os fatos provem uma coisa e seu contrário, é inútil tê-los como base para uma explicação.

Há pouco mais de um século, e mesmo nos Estados Unidos, os antropólogos trataram de introduzir um pouco de prudência, seriedade e rigor em sua disciplina. É natural que ficassem desolados ao ver seu campo de estudos invadido, submerso mesmo (sobretudo do outro lado do Atlântico, onde rapidamente se negam os velhos mestres, mas também na Grã-Bretanha e logo, pode-se temer, em toda a Europa) por esse gênero de robinsonadas genitais. Essas revoluções — sobre as quais se disserta como se tivessem acontecido ontem, supondo que realmente tenham acontecido — remontam a centenas de milhares, se não a milhões de anos. Não há como dizer grande coisa sobre um passado tão longínquo. Assim, a fim de encontrar um sentido para a perda do cio e conferir a essa perda um papel que esclareça a vida social tal como a vivemos hoje, deslocamos sub-repticiamente essa perda para uma época que ignoramos mas não nos parece tão distante a ponto de não conseguirmos projetar seus supostos efeitos até o presente.

É significativo que essas teorias sobre o cio tenham se desenvolvido nos Estados Unidos e na esteira de uma outra teoria que pretendia também encurtar os intervalos de tempo. Segundo ela, o homem de Neandertal, predecessor imediato do *Homo sapiens* (e durante alguns milênios seu contemporâneo), não podia ter linguagem articulada por causa da conformação de sua laringe e de sua faringe. A aparição da linguagem dataria então de cerca de 50 mil anos apenas.

Atrás dessas vãs tentativas de assegurar bases orgânicas simples para atividades intelectuais complexas, pode-se reconhecer um pensamento cegado pelo naturalismo e pelo empirismo. Quando faltam observações capazes de fundamentar uma teoria — o que é quase sempre o caso —, esse modo de pensamento as inventa. A propensão a transformar afirmações gratuitas em dados experimentais nos leva muitos séculos para trás, para os primórdios da reflexão antropológica.

Se a estrutura anatômica da garganta não permitia ao homem de Neandertal emitir certos fonemas, não se contesta que fosse capaz de emitir outros. Todo e qualquer fonema, porém, é apropriado para diferenciar significados. A origem da linguagem não está ligada à conformação dos órgãos fonadores. É na neurologia do cérebro que deve ser procurada.

Esta demonstra, entretanto, que a linguagem pode ter existido já em tempos recuados, muito anteriores à aparição do *Homo sapiens*, há cerca de 100 mil anos. Moldes endocranianos feitos sobre vestígios do *Homo habilis*, um de nossos longínquos predecessores, mostram que o lobo frontal esquerdo e a área de Broca, centro da linguagem, estavam já formados há mais de 2 milhões de anos. Como o nome com que foi batizado evidencia, o *Homo habilis* fabricava ferramentas rudimentares, respondendo porém a formas padronizadas. Nesse sentido, é importante notar que o lugar cerebral que comanda a mão direita é contíguo à área de Broca e que os dois centros se desenvolveram juntos. Nada permite afirmar que o *Homo habilis* falasse — mas ele possuía os meios necessários para isso.

Por outro lado, não há dúvida cabível quanto ao *Homo erectus*, nosso predecessor direto, que há meio milhão de anos talhava ferramentas de pedra com uma simetria estudada que exigia mais de uma dúzia de operações sucessivas. É inimaginável que essas técnicas complexas pudessem passar de geração em geração sem serem ensinadas.

Todas essas considerações permitem remeter a aparição do pensamento conceitual, da linguagem articulada e, portanto, da vida em sociedade a tempos tão distantes que não podemos nos pôr a elucubrar hipóteses sem darmos prova de uma ingenuidade que beira a estupidez. Se pretendemos colocar a perda do cio na origem da cultura, é preciso admitir que ela já existia para o *Homo erectus* e talvez até mesmo para o *Homo habilis*, espécies cuja fisiologia não conhecemos; a alternativa consistiria em pensar que as coisas verdadeiramente interessantes a respeito da evolução humana aconteceram no cérebro e não no útero ou na laringe.

Para quem se deixa seduzir pelo enredo do cio, sugere-se então que a hipótese menos absurda seria a que relacionasse a perda do cio diretamente com a aparição da linguagem. Quando puderam manifestar seus humores por meio de palavras, mesmo que em termos velados, as mulheres não precisaram mais dos meios fisiológicos pelos quais antes se faziam entender. Tendo perdido sua função primeira, esses velhos meios inúteis, com seu pesado sistema de inchaços, umidades, vermelhidões e exalações odorantes, teriam pouco a pouco se atrofiado. A cultura teria modelado a natureza, e não o contrário.

A sábia lição das vacas loucas[1]

Para os ameríndios e para a maior parte dos povos que viveram por muito tempo sem escrita, o tempo dos mitos foi aquele em que homens e animais não eram realmente diferentes uns dos outros e podiam se comunicar. Datar o começo dos tempos históricos da construção da torre de Babel — quando os homens perderam o uso de uma linguagem comum e deixaram de se compreender — pareceria a eles traduzir uma visão tacanha das coisas. Esse fim de uma harmonia primitiva produziu-se, segundo eles, em cenário bem mais vasto, que afetou não apenas os humanos, mas todos os seres vivos.

Hoje ainda seria possível dizer que continuamos confusamente conscientes dessa solidariedade primeira entre todas as formas de vida. Nada nos parece mais urgente do que imprimir o sentimento dessa continuidade no espírito das nossas crianças, desde o nascimento ou quase isso. Nós as rodeamos de simulacros de animais em borracha ou pelúcia, e os primeiros livros de imagens que pomos sob seus olhos mostram, muito antes que elas os encontrem de verdade, o urso, o elefante, o cavalo, o asno, o cachorro, o gato, o galo, a galinha, o rato, o coelho e assim por diante, como se fosse preciso, desde a mais tenra idade, incutir-lhes a nostalgia de uma unidade que eles logo saberão não existir mais.

Não surpreende que matar seres vivos para se alimentar represente para os seres humanos, sejam conscientes disso ou não, um

[1] Publicado em *La Repubblica*, 24 de novembro de 1996.

problema filosófico que todas as sociedades tentaram resolver. O Antigo Testamento faz disso uma consequência direta do pecado original. No jardim do Éden, Adão e Eva alimentavam-se de frutos e grãos (Gênesis 1, 29). Só a partir de Noé o homem torna-se carnívoro (Gênesis 9, 3). É significativo que essa ruptura entre o gênero humano e os outros animais preceda imediatamente a história da torre de Babel, isto é, a separação dos homens entre si, como se esta fosse a consequência ou um caso particular daquela separação anterior.

Essa concepção faz da alimentação carnívora uma espécie de enriquecimento do regime vegetariano. Ao contrário, certos povos sem escrita veem nela uma forma mal e mal atenuada de canibalismo. Humanizam a relação entre o caçador (ou o pescador) e sua presa concebendo-a segundo o modelo de uma relação de parentesco entre aliados por casamento ou, mais diretamente ainda, uma relação entre cônjuges (assimilação facilitada pela relação que todas as línguas do mundo, e mesmo as nossas gírias, fazem entre o ato de comer e o ato de copular). A caça e a pesca aparecem assim como um gênero de endocanibalismo.

Outros povos, e às vezes também os mesmos, julgam que a quantidade total de vida existente a cada momento no universo deve estar sempre equilibrada. O caçador ou o pescador que retira uma fração deverá, pode-se dizer, reembolsá-la à custa de sua própria expectativa de vida — outra maneira de ver na alimentação carnívora uma espécie de canibalismo: autocanibalismo dessa vez, pois, segundo essa concepção, comemos a nós mesmos acreditando comer o outro.

Há cerca de três anos, a propósito da epidemia da vaca louca, que não chegara às proporções de hoje, eu explicava aos leitores de *La Repubblica*[2] que as patologias aparentadas de que o homem é às vezes vítima — *kuru* na Nova Guiné, casos novos da doença de Creutzfeldt-Jakob na Europa (resultante da administração de extratos de cérebros humanos para curar problemas de crescimento) — estavam relacionadas a práticas ligadas ao sentido literal do canibalismo, cuja noção precisaria ser ampliada para incluí-las todas. E agora nos informam que a doença da mesma família que ataca as vacas em vários países europeus

---

[2] "Somos todos canibais", ver acima neste volume. (N. E.)

(e que oferece risco mortal para o consumidor) é transmitida por farinhas de origem bovina usadas na alimentação dos animais. A doença resultou, portanto, da transformação pelo homem das vacas em canibais, segundo um modelo que tem precedentes na história. Textos de época afirmam que, durante as guerras religiosas que ensanguentaram a França no século XVI, a alimentação de parisienses famintos ficou restrita a um pão à base de farinha feita de ossos humanos, extraídos das catacumbas a fim de serem moídos.

A relação entre alimentação carnívora e canibalismo ampliado até ganhar conotação universal tem raízes profundas no pensamento e ganha evidência com a epidemia da vaca louca, pois, nesse caso, ao medo de contrair uma doença mortal soma-se o horror que nos inspira tradicionalmente o canibalismo, estendido agora aos bovinos. Condicionados desde a infância, continuamos carnívoros e nos voltamos para carnes substitutas. Não se pode negar que o consumo de carne caiu de forma espetacular. Quantos de nós, porém — e bem antes desses acontecimentos —, somos capazes de passar diante do cepo de um açougueiro sem sentir certo mal-estar, sem vê-lo, por antecipação, sob a perspectiva de séculos futuros? Pois virá o dia em que a ideia de os homens do passado criarem e massacrarem seres vivos para se alimentar e não verem problema em expor pedaços de sua carne nas vitrines inspirará a mesma repulsa causada aos viajantes dos séculos XVI e XVII pelas refeições canibais dos selvagens americanos, africanos ou da Oceania.

A voga crescente dos movimentos de defesa dos animais demonstra: percebemos cada vez mais distintamente a contradição em que nossos costumes nos aprisionam, a contradição entre a unidade da criação, manifesta ainda na entrada na arca de Noé, e sua negação pelo próprio Criador, à saída.

*
* *

Entre os filósofos, Auguste Comte provavelmente está entre os que dedicaram mais atenção ao problema das relações entre o homem e o animal. Fez isso de uma forma que os comentadores de sua obra preferiram ignorar, lançando suas observações a esse respeito na conta das extravagâncias a que esse grande gênio se entregou com frequência. O assunto, no entanto, merece que nos debrucemos sobre ele.

Comte repartiu os animais em três categorias. Na primeira, elencou aqueles que, de uma forma ou de outra, apresentam algum perigo para o homem e propôs simplesmente destruí-los.

Em uma segunda categoria, reuniu as espécies protegidas e criadas pelo homem para alimentar-se: bovinos, suínos, aves de criação... Há milênios, o homem vem transformando-os tão profundamente que nem se pode mais chamá-los de animais. Deve-se ver neles os "laboratórios nutritivos" em que se elaboram os compostos orgânicos necessários para nossa subsistência.

Se Comte expulsa essa segunda categoria da animalidade, integra a terceira à humanidade. Agrupa as espécies sociais nas quais encontramos nossos companheiros e frequentemente nossos ativos auxiliares: animais cuja "inferioridade mental foi superestimada". Alguns, como o cachorro e o gato, são carnívoros. Outros, por sua natureza herbívora, não têm um nível intelectual suficiente para que sejam utilizáveis. Comte preconiza transformá-los em carnívoros, o que para ele não parece impossível, pois na Noruega, quando falta pasto, alimenta-se o gado com peixe seco. Assim, alguns herbívoros serão conduzidos ao mais alto grau de perfeição que comporta a natureza animal. Tornados mais ativos e mais inteligentes por seu novo regime alimentar, estarão mais propensos a se devotar a seus donos e a se comportar como servidores da humanidade. Seria possível lhes confiar a vigilância principal das fontes de energia e das máquinas, deixando assim os homens disponíveis para outras tarefas. Certamente uma utopia, reconhece Comte, mas não mais que a transformação dos metais, que está, entretanto, na origem da química moderna. Aplicando a ideia de transmutação aos animais, o que se faz é estender a utopia da ordem material para a ordem vital.

Com mais de um século e meio, essas visões são proféticas em muitos aspectos e paradoxais em outros. É verdade que o homem provoca direta ou indiretamente o desaparecimento de inúmeras espécies e que outras estão, por sua causa, gravemente ameaçadas. É só pensar em ursos, lobos, tigres, rinocerontes, elefantes ou baleias, ou ainda nas espécies de insetos e invertebrados que as degradações infligidas pelo homem ao meio ambiente destroem a cada dia.

Profética também — e no que diz respeito a um ponto que Comte jamais imaginaria — é a redução dos animais de que o homem se alimenta impiedosamente à condição de laboratórios nutritivos. A criação em massa de vitelos, porcos e frangos é seu exemplo mais terrível. Até o Parlamento Europeu recentemente interessou-se pelo assunto.

Profética, enfim, é a ideia de que os animais que formam a terceira categoria concebida por Comte se tornarão colaboradores ativos dos homens, como atestam as missões cada vez mais variadas que se confiam aos cães adestrados, o recurso aos macacos especialmente formados para assistir inválidos e as esperanças que os golfinhos alimentam.

A transmutação de herbívoros em carnívoros é também profética — o drama das vacas loucas prova isso —, mas nesse caso as coisas não se passaram do modo como previra Comte. Quando transformamos herbívoros em carnívoros, talvez não sejamos tão originais quanto pensávamos. Pode-se sustentar que os ruminantes não são verdadeiros herbívoros, pois se alimentam sobretudo de micro-organismos que, por sua vez, se alimentam de vegetais por meio da fermentação em seus estômagos especialmente adaptados.

Essa transformação, sobretudo, não foi feita em benefício dos auxiliares ativos do homem, mas à custa desses animais qualificados por Comte como laboratórios nutritivos: erro fatal contra o qual ele mesmo havia advertido, pois "o excesso de animalidade será prejudicial a eles". Prejudicial não somente a eles, mas a nós: não foi ao lhes conferir um excesso de animalidade (devido a sua transformação, mais do que em carnívoros, em canibais) que transformamos involuntariamente nossos "laboratórios nutritivos" em laboratórios letais?

*
*   *

A doença da vaca louca ainda não chegou a todos os países. Se não me equivoco, a Itália está a salvo por enquanto. Talvez a esqueçamos logo: ou porque a epidemia acabará sozinha, como predizem os cientistas britânicos, ou porque vacinas e curas serão descobertas, ou ainda porque uma política rigorosa garantirá a saúde dos animais destinados ao abate. Outros cenários, porém, são concebíveis.

Suspeita-se que, ao contrário do que já se sabe, a doença talvez possa ultrapassar as fronteiras biológicas entre as espécies. Atacando todos os animais de que nos alimentamos, ela se instalaria de forma durável e se classificaria entre os males nascidos da civilização industrial, que comprometem cada vez mais gravemente a satisfação das necessidades de todos os seres vivos.

Já respiramos um ar poluído. A água, também poluída, não é mais, como julgávamos, um bem irrestritamente disponível: sabemos que suas quantidades são limitadas tanto para a agricultura como para o uso doméstico. Desde a aparição da Aids, as relações sexuais comportam um risco fatal. Todos esses fenômenos modificam e modificarão de modo profundo as condições de vida da humanidade, anunciando uma nova era em que talvez ganhe espaço esse outro perigo mortal que a alimentação carnívora pode vir a ser doravante.

Esse não será, entretanto, o único fator que poderá forçar o homem a deixar de comer carne. Em um mundo em que a população global terá provavelmente dobrado em menos de um século, o gado e os outros animais de criação serão fortes concorrentes para o homem. Calcula-se que, nos Estados Unidos, dois terços dos cereais produzidos servem para alimentá-los. E não se pode esquecer que esses animais nos dão em forma de carne bem menos calorias do que consomem ao longo de sua vida (um quinto, disseram-me, no caso de um frango). Uma população humana em expansão precisará rapidamente, para sobreviver, de toda a produção atual de cereais: não sobrará nada para o gado e os animais de criação, de modo que todos os humanos deverão basear seu regime alimentar naqueles dos indianos e chineses, em que a carne animal cobre apenas uma parte muito pequena das necessidades de proteínas e calorias. Será preciso até, talvez, renunciar à carne completamente, pois, ao mesmo tempo que a população aumenta, a superfície de terras cultiváveis diminui sob o efeito da erosão e da urbanização, as reservas de hidrocarbonetos baixam e as fontes de água se reduzem. Em contrapartida, os estudiosos estimam que, se toda a humanidade se tornasse vegetariana, as superfícies hoje cultivadas poderiam alimentar uma população dobrada.

É notável o fato de que, nas sociedades ocidentais, o consumo de carne tende espontaneamente a diminuir, como se essas sociedades começassem a mudar de regime alimentar. Nesse caso, a epidemia da vaca louca, distanciando os consumidores da carne, só acelera uma evolução em curso. Ela adicionará a essa evolução apenas um componente místico, feito do sentimento difuso de que nossa espécie está pagando por ter violado a ordem natural.

Os agrônomos se encarregarão de aumentar o conteúdo proteico das plantas que servem como alimento; os químicos, de produzir proteínas sintéticas em quantidade industrial. Mas, mesmo se a encefalite espongiforme (nome científico da doença da vaca louca e de outras aparentadas) se instalar de forma durável, podemos apostar que apesar disso o apetite por carne não desaparecerá — mas sua satisfação se tornará uma ocasião rara, custosa e arriscada. (O Japão vive algo parecido com o *fugu*, o baiacu, peixe de sabor requintado, mas que, imperfeitamente limpo, pode ser um veneno mortal.) A carne figurará no cardápio em circunstâncias excepcionais. Será consumida com a mesma mistura de reverência piedosa e ansiedade que, segundo os antigos viajantes, impregnava os banquetes canibais de alguns povos. Nos dois casos, trata-se ao mesmo tempo de comungar com os ancestrais e incorporar, assumindo os riscos de fazê-lo, a substância perigosa de seres vivos que foram ou se tornaram inimigos.

Como a criação de animais, deixando de ser rentável, terá desaparecido, essa carne comprada em lojas de luxo será proveniente da caça.

Nossos antigos rebanhos, deixados à própria sorte, serão uma presa como outra qualquer num campo entregue à natureza selvagem.

Não se pode afirmar que a expansão de uma civilização que se pretende mundial chegará a uniformizar o planeta. Apinhando-se, como vemos hoje, em megalópoles do tamanho de províncias, uma população antes mais dispersa acabará por deixar livres outros espaços. Definitivamente abandonados por seus habitantes, esses espaços retornarão a condições arcaicas; aqui e ali, as mais estranhas formas de vida encontrarão seu lugar. Nesse caso, em vez de caminhar para a monotonia, a evolução da humanidade acentuaria os contrastes existentes e criaria outros, novos, restabelecendo o reino da diversidade. Rompendo hábitos milenares, essa é a sábia lição que talvez, um dia, teremos aprendido com as vacas loucas.

A volta do tio materno[1]

As aplicações industriais ou militares da física e da química modernas tornaram familiares para nós as noções de massa ou de temperatura críticas. Elas estão relacionadas a limiares abaixo ou acima dos quais a matéria manifesta propriedades que ficam ocultas em condições comuns, passando por inexistentes, inconcebíveis até, antes que esses limiares sejam ultrapassados.

As sociedades humanas têm também seus pontos críticos, que atingem quando o curso de sua existência se encontra seriamente perturbado. Em seu seio revelam-se subitamente propriedades latentes: às vezes, vestígios de um estado antigo que ressurge quando se acreditava que havia desaparecido; outras vezes, propriedades sempre presentes, mas em geral invisíveis, porque ocultas no mais profundo da estrutura social. Com frequência, são as duas coisas ao mesmo tempo.

Fazia essas reflexões há alguns meses, lendo na imprensa o texto sobre a manifestação do conde Spencer por ocasião dos funerais de sua irmã, a princesa Diana. Do modo mais inesperado, suas declarações faziam renascer um papel, o do tio materno, que talvez tomássemos, no atual estado da sociedade, por uma relação de parentesco entre outras, sem nenhum significado particular, ao passo que, no passado de nossa sociedade e até no presente de várias sociedades exóticas, o tio materno foi ou ainda é uma peça importante na estrutura familiar e social. Considerando que o conde

[1] Publicado em *La Repubblica*, 24 de dezembro de 1997.

Spencer vive na África do Sul, é de se notar que o acaso não economizou: "The Mother's Brother in South Africa", intitula-se o célebre artigo publicado em 1924 no *South African Journal of Science* em que Radcliffe-Brown destacou a importância desse papel e foi um dos primeiros a procurar compreender qual podia ser seu significado.

Imputando a infelicidade da irmã ao ex-marido e à família real em seu conjunto, o conde Spencer assume a posição de "doador de mulher", como dizem os etnólogos em seu jargão, aquele que conserva sobre a irmã ou a filha dela o direito de vigiar e intervir caso julgue que está sendo maltratada ou caso ela se sinta maltratada. Sobretudo, ele afirma que entre ele e os sobrinhos, filhos de sua irmã, existe uma ligação especial que lhe dá o direito e o dever de protegê-los contra o pai e sua linhagem.

Tal papel estrutural devolvido ao tio materno não é reconhecido pela sociedade contemporânea, ao contrário da Idade Média e talvez da Antiguidade. Em grego, "tio" se diz *theîos*, "parente divino" (donde derivam os termos italiano, espanhol e português, *zio*, *tío* e *tio*), o que faz supor que esse tipo de parente tivesse um lugar especial na constelação familiar. Esse lugar era tão importante na Idade Média que a intriga da maior parte das canções de gesta gira em torno das relações entre o tio materno e seu ou seus sobrinhos. Rolando é o sobrinho uterino de Carlos Magno, mesma relação que há entre Vivien e Guilherme de Orange, Gautier e Raoul de Cambrai, Perceval e o rei do Graal, Gauvain e o rei Artur, Tristão e o rei Mark, Gamwell e Robin Hood... Poderíamos estender a lista. Esse parentesco cria ligações tão fortes que praticamente apagam as outras: *A canção de Rolando* nem mesmo menciona o pai do herói.

O tio materno e o sobrinho prestavam-se assistência mútua. O sobrinho recebia presentes do tio. Era este que o armava como cavaleiro e dava-lhe eventualmente uma esposa. A intensidade dos sentimentos que os uniam aparece eloquentemente nas palavras atribuídas a Carlos Magno por uma outra canção de gesta, *A entrada na Espanha*, quando Rolando parte para o combate: "Se te perder, gemeu o imperador, ficarei sozinho/ Como pobre dama quando perdeu o esposo".[2]

---

2   Tradução livre de "*Si je vous perds, gémit l'Empereur, je vais rester tout seul/ Comme pauvre dame quand a perdu l'époux*". (N. T.)

*
* *

    A relação entre tio e sobrinho é, ao que parece, menos manifesta nas canções de gesta italianas e espanholas do que nas francesas e alemãs. Talvez porque as primeiras se situem num quadro institucional mais amplo designado em inglês pelo termo *fosterage*, de origem germânica. O costume do *fosterage*, estritamente observado na Irlanda e na Escócia, ditava que crianças de linhagem nobre fossem confiadas a uma outra família, que as criava e garantia sua educação. Resultavam dessa prática laços morais e sentimentais mais fortes do que aqueles que havia com as famílias de nascença. O costume existia na Europa continental, ao menos sob a forma conhecida como "*fosterage* do tio". A criança nobre era confiada à família materna, essencialmente representada pelo irmão da mãe, junto a quem a criança ocupava a posição de *nourri*,[3] que conservaria mais tarde (a palavra tinha um sentido bem mais amplo que o meramente alimentar no francês antigo).

    Viu-se nesses costumes a prova de uma antiga predominância do direito materno e da filiação matrilinear que nada, entretanto, atesta na Europa antiga. Compreendemos hoje que eles são, ao contrário, um efeito entre outros da filiação patrilinear: é precisamente porque o pai detém a autoridade familiar que o tio materno, verdadeira "mãe masculina", assume o papel inverso; ao passo que, numa sociedade com filiação matrilinear, o tio materno que exerce a autoridade familiar é temido e obedecido pelo sobrinho. Uma correlação existe então entre a atitude diante do tio materno e aquela diante do pai. Nas sociedades em que a relação entre pai e filhos é familiar, aquela entre tio e sobrinhos é severa; e onde o pai aparece como o austero depositário da autoridade familiar, o tio é tratado com ternura e liberdade.

    Inúmeras sociedades pelo mundo exemplificam uma ou outra fórmula segundo o modo como a filiação se transmite — diretamente pelos homens, de pai para filho, ou pela intermediação das mulheres (a filiação indo então de tio para sobrinho). Nos dois casos, o tio materno

---

[3] Aproxima-se da figura jurídica do "alimentando", porém ampliada. (N. T.)

está presente e forma com a irmã, o marido dela e os filhos nascidos dessa união um sistema de quatro termos que, da maneira mais econômica possível, reúne os três tipos de relações familiares necessários para que uma estrutura de parentesco exista, isto é, uma relação de consanguinidade, uma relação de aliança e uma relação de filiação. Dito de outra forma, uma relação de irmão e irmã, uma relação de marido e mulher e uma relação de pais e filhos.

Foi essa estrutura pouco visível, submersa na complexidade das sociedades modernas, que o conde Spencer tornou novamente atual com suas declarações. De modo impecável, ele soube definir as relações internas de um sistema familiar em quatro termos. Sua irmã e ele eram, disse, unidos por uma intimidade terna que remontava a sua infância: "Nós dois, os mais jovens da família, passávamos nosso tempo juntos". Ao contrário, as relações da princesa com o marido e a família dele foram marcadas pela "angústia [...], as lágrimas, o desespero". E, do mesmo modo como as relações entre irmão e irmã se opõem àquelas entre marido e mulher, assim também, no discurso do conde, as relações entre o tio e os sobrinhos, aos quais ele pretende dar uma educação mais amável, se opõem às relações entre pai e filhos... São dois tipos de relações contrastivas, umas positivas, outras negativas, simetricamente dispostas numa estrutura que podemos considerar como o átomo do parentesco, uma vez que não se pode conceber nada mais simples (ao passo que não faltam as mais complicadas).

*
* *

Ao contrário do que se pensou por muito tempo, não é na consanguinidade que se funda a família. Por causa da proibição do incesto, praticamente universal, ainda que sob muitas formas diferentes, um homem só pode obter uma mulher de outro homem, que a cederá se tratar-se de sua filha ou irmã. Não é preciso então explicar como o tio materno surge na estrutura de parentesco. Ele não surge, ele é a condição para que a estrutura exista, ele é imediatamente dado nela.

Ainda reconhecível há dois ou três séculos, essa estrutura se desagregou sob o efeito das mudanças demográficas, sociais, econômicas e políticas que acompanharam — às vezes como causas, às vezes como efeitos — a Revolução Industrial. Diferentemente do que se passa nas sociedades sem escrita, os laços de parentesco não exercem mais entre nós um papel regulador sobre o conjunto das relações sociais, cuja coerência global depende de outros fatores.

A intensa emoção provocada no mundo inteiro pela morte da princesa Diana explica-se em grande parte pelo fato de que o drama instalava a personagem no cruzamento de grandes temas folclóricos (o filho do rei que se casa com uma plebeia, a sogra malvada) e religiosos (a pecadora condenada à morte e que redime com seu sacrifício os pecados dos novos convertidos). Compreende-se melhor como o drama permitiu que reaparecessem outras estruturas arcaicas. Um tio materno pôde assim reivindicar um papel que lhe pertenceu no passado de nossas próprias sociedades e que lhe pertenceria em outras, por mais que esse papel seja atualmente desprovido de qualquer base na lei ou nos costumes. "Todos nós, sua família de sangue", proclama o conde Spencer, como se os direitos que se atribui em relação aos sobrinhos tivessem algum fundamento nos costumes: "Comprometo-me a proteger seus filhos de ter um destino como o dela, [garantindo] que sejam educados de maneira terna e imaginativa". Como poderia ele pretender fazê-lo sem ao mesmo tempo reviver uma estrutura de parentesco que foi predominante nas sociedades humanas, que acreditávamos desaparecida e que, graças a uma crise, reaparece na consciência dos protagonistas?

*
* *

A obra de um jovem etnólogo chinês formado na França trouxe novas provas sobre o lugar de destaque dado ao tio materno em algumas sociedades exóticas. Um grupo étnico dos confins do Himalaia, na China, tem um sistema familiar e social notável que, já no século XIII, despertou a curiosidade de Marco Polo. A célula doméstica, que mal ousamos chamar de família, de tão distante em relação a nossas concepções habituais, compõe-se de um irmão, uma irmã e os filhos dela. Esses filhos, que pertencem unicamente à linhagem materna, são fruto de relações sexuais que a mulher pode ter com qualquer homem que não seja seu parente (a proibição do incesto aplica-se aqui como em outros lugares). Às vezes relativamente duráveis, essas uniões ficam reduzidas com frequência a visitas furtivas sem continuidade. A mulher pode receber um número ilimitado de visitas, às quais os homens se dedicam assiduamente quando anoitece. Quando nasce uma criança, não há como saber qual dos amantes de ocasião é seu pai; ninguém, aliás, se preocupa com isso. A nomenclatura de parentesco não comporta nenhum termo a que se possa ligar o sentido de "pai" ou de "marido".[4]

O autor dessas interessantes observações acredita, não sem ingenuidade, ter descoberto um caso único, que põe abaixo todas as concepções de família, parentesco e casamento. É um duplo erro. Esse povo, os na, representa um caso talvez extremo de um sistema de que conhecemos outros exemplos há muito tempo, especialmente no Nepal, no sul da Índia e na África. E, longe de arruinar nossas ideias a respeito, a estrutura familiar que exemplificam oferece simplesmente uma imagem simétrica e invertida da nossa.

Essas sociedades eliminam a categoria de marido como nós mesmos eliminamos a categoria de tio materno (para a qual nossas nomenclaturas de parentesco não têm mais uma palavra específica). Isso não quer dizer que, em uma ou outra família, esse tio não possa assumir ocasionalmente um papel que não está previsto no sistema. Uma família em que não existe o papel de marido não deveria surpreender. Ou, pelo menos, não mais que uma família sem papel previsto para o tio materno — coisa que, para nós, parece natural. Ninguém sustentaria que nossas próprias sociedades invalidam as teorias de parentesco e de casamento. A sociedade na também não. São simplesmente sociedades que não conferem ao parentesco e ao casamento um valor regulador para assegurar seu funcionamento e se valem de outros mecanismos.

4 Cai Hua, *Une societé sans père ni mari. Les Na de Chine* (Paris: Presses Universitaires de France, 1997).

Pois os sistemas de parentesco e de casamento não têm a mesma importância em todas as culturas. Fornecem a algumas o princípio ativo que regula suas relações sociais. Em outras, como a nossa e sem dúvida também a dos na, essa função é ausente ou muito limitada.

A que levam essas reflexões, cujo ponto de partida foi um acontecimento que, há alguns meses, mexeu com a imaginação pública? Para compreender melhor alguns motores profundos do funcionamento das sociedades, não se pode recorrer somente àquelas que estão mais distanciadas de nós no tempo ou no espaço.

Até pouco tempo atrás, procurávamos automaticamente a etnologia para que interpretasse costumes antigos ou recentes, cujo sentido nos escapava, como sendo sobreviventes ou vestígios de um estado social ainda presente entre povos selvagens. Ao contrário desse primitivismo obsoleto, percebemos que as formas de vida social e os tipos de organização bem atestados na nossa história podem, em algumas circunstâncias, tornar-se novamente atuais e lançar um olhar retrospectivo sobre sociedades muito distanciadas de nós no tempo ou no espaço. Entre as sociedades ditas complexas ou evoluídas e aquelas chamadas erroneamente de primitivas ou arcaicas, a distância é menor do que poderíamos imaginar. O distante esclarece o próximo, mas o próximo também pode esclarecer o distante.

A prova dos nove do mito[1]

Os adeptos da análise estrutural sabem estar expostos a certo tipo de crítica que, de tempos em tempos, é preciso contestar. Aponta-se como fraqueza inerente a seu método o fato de abusarem da analogia e de se contentarem com as mais superficiais delas; ou então, lançando mão de todos os meios disponíveis, de recorrerem a analogias disparatadas e por isso duvidosas. Aos olhos de certos críticos, as séries ilimitadas de associações produzidas pela análise estrutural parecem aquele jogo, em voga entre colegiais, que consiste em dizer palavras seguidas, cada uma começando pela última ou pelas últimas sílabas da palavra anterior, reunindo assim as áreas mais incongruentes do vocabulário.

  Não se sabe de onde vem a atração que esse jogo exerce nos espíritos jovens. Não há como explicá-la apenas como uma busca de assonâncias que chamaríamos simplesmente de poética. A assonância é um dos meios de que a poesia se serve para atingir realidades inexprimíveis em prosa. De fato, esse jogo evoca de forma rudimentar um procedimento de versificação, familiar aos velhos poetas, por meio de rimas encadeadas, concatenadas, anexadas ou ainda emparelhadas; lembra também as "palavras pivôs", *kake kotoba*, da versificação japonesa, em que uma mesma sílaba ou um mesmo grupo de sílabas recebe simultaneamente dois significados. Brincando com a similaridade e a diferença, a rima revela relações de equivalência entre o som e o sentido: "Seria uma simplificação abusiva tratar

---

[1] Publicado em *La Repubblica*, 16 de abril de 1999.

a rima apenas do ponto de vista do som. A rima implica necessariamente uma relação semântica".[2]

Não nos desvencilharemos das analogias encadeadas da análise estrutural atribuindo-lhes importância menor, à maneira do que, em outro domínio, fazemos erroneamente com as rimas, pois tanto umas como outras estão mais carregadas de sentido do que imaginamos. O que fundamenta essas analogias é que, como termos de um raciocínio hipotético-dedutivo, chegam a conclusões que depois devem ser provadas. Gostaria de dar um exemplo.[3]

Tomemos como ponto de partida a argila para cerâmica. Passamos dela ao engole-vento da Europa porque, em certos mitos, a cerâmica é o efeito e ele é a causa. Tão logo toma forma, a imagem do engole-vento inverte-se na da preguiça, que, por vários traços, forma com ele uma dupla de oposições. A similaridade entre o estilo de vida da preguiça e o de outros animais incita então a subsumi-los todos no conceito de fauna arbórea, que conduz ao povo de anões sem ânus, representação figurada dessa fauna; e daí aos anões sem boca, por uma relação de simetria invertida que se observa quando mudamos de hemisfério.

Essas transferências sucessivas, de ordem ora lógica, ora retórica ou geográfica, fundam-se em relações de contiguidade, semelhança, equivalência ou inversão. São obra de silepse, metonímia ou metáfora. Como provar que essas escolhas não são arbitrárias, ditadas pelas necessidades da causa? E não nos distanciam cada vez mais do ponto de partida, como se esquecêssemos pelo caminho a cerâmica, cuja condição mítica era a razão de ser da pesquisa? Depois de evocar a tese segundo a qual a fauna arbórea seria concebida pela mitologia americana como a transformação de um povo de anões, um crítico objeta:

> Mas isso é apenas suposição, pois [...] a maior parte dessas relações é simplesmente postulada, sem que mitos sejam exibidos para justificá-las [...]. Considerando o lugar estratégico que esses mitos deveriam ocupar em *A oleira ciumenta* em termos de valor de prova, isso não deixa de ser importante.[4]

---

2   R. Jakobson, *Essais de linguistique générale*, vol. I, traduzido e prefaciado por Nicolas Ruwet (Paris: Éditions de Minuit, 1963), p. 233.
3   Claude Lévi-Strauss, *La Potière jalouse* (Paris: Plon, 1985).
4   Luis Vicente Abad Márquez, *La mirada distante sobre Lévi-Strauss* (Madri: Siglo Veintiuno de España, 1995), p. 336.

Esse percurso sinuoso, em que intervêm a cada etapa novos postulados, novas hipóteses, é imediata e globalmente validado quando um mito até então desconhecido emerge, faz colapsarem os intermediários e estabelece a ligação entre a conclusão e as premissas. É o caso de um mito dos indígenas tatuyo, da região do Vaupés, na Colômbia, recolhido por Elsa Gómez-Imbert, que, consciente de sua importância para minha demonstração, comunicou-o a mim antes mesmo de publicá-lo. Agradeço a ela aqui.

Podemos dividir esse mito em duas partes. A segunda, que deixarei provisoriamente de lado, trata da fabricação de potes, ocupação feminina, e explica por que se tornou trabalhosa. A primeira parte remonta mais longe no tempo, até a origem da argila, matéria-prima da cerâmica.

Um índio que pescava encontrou por acaso o espírito das florestas, o Sem-ânus. Soltou um peido em sua presença. O espírito, surpreso, perguntou sobre a origem do barulho. O homem explicou que fora seu ânus que falara. O espírito confessou que não tinha ânus. O índio propôs furá-lo para fazer um ânus e enfiou uma lança de madeira bem pontiaguda na base do espírito, e com tal violência que o matou. Desse furo extrai-se hoje a argila, que é a carne apodrecida do espírito.[5]

Uma argumentação complexa, exposta em cem páginas, foi necessária para que eu pudesse demonstrar que os mitos sobre a origem da argila e aqueles sobre os anões sem ânus pertencem a um mesmo conjunto e para que eu determinasse as razões disso. A justeza desse longo percurso está agora comprovada por um mito que identifica o Sem-ânus e a argila.

*
*   *

Do mesmo modo, um mito que ficou fora do campo da pesquisa permite elucidar uma conexão que eu me vira forçado a postular entre dois conjuntos de mitos: um sobre a origem da cerâmica, outro sobre a origem da cor dos pássaros.

Comecemos por lembrar que, na América, os mitos sobre a origem da cerâmica dividem-se em dois subconjuntos, conforme tratem da origem da cerâmica ou — como a segunda parte do mito tatuyo — da

---

5   Elsa Gómez-Imbert, "La façon des poteries. Mythe sur l'origine de la poterie", *Amerindia* (Paris, 1990 — publicado com o apoio do C.N.R.S.), n. 15, pp. 193-227.

fabricação e da decoração dos potes. Essa arte foi ensinada às mulheres pela mestre sobrenatural da cerâmica, que os mitos representam também sob a forma do arco-íris, serpente monstruosa que vive no fundo das águas. As mulheres copiaram os motivos policromados que ornam sua pele e até hoje se inspiram neles para decorar suas obras.

Outros mitos, no entanto, põem essa serpente em cena em uma história muito diferente: os pássaros, dos quais ela era inimiga, uniram-se para destruí-la; depois de a matarem, dividiram seus despojos, e os pássaros adquiriram plumagens diferenciadas, segundo o pedaço de pele que coube a cada um.

Pelo aspecto da policromia, uma ligação estabelece-se entre a cor dos pássaros, a cerâmica decorada e a argila. À primeira vista, nada a torna necessária. Entretanto, um mito permite demonstrar a unidade dos dois conjuntos. Ele provém dos maias do Yucatán, longe da Amazônia, é claro — mas nossas primeiras reflexões sobre o papel da policromia nos mitos sul-americanos já nos haviam conduzido ao México.[6]

Conhecem-se muitas versões desse mito. De acordo com a mais recente, os pássaros, que brigavam sem parar, foram convocados para uma assembleia pelo Grande Ancestral a fim de eleger um rei. O peru-selvagem apresentou-se como candidato, fez valer seu tamanho bem-proporcionado, a voz melodiosa, mas suas plumas não eram bonitas. Ele emprestou as do engole-vento e foi eleito. O engole-vento, no entanto, esperou em vão os favores que o peru havia prometido como pagamento. Os pássaros encontraram-no escondido na floresta, nu, morrendo de frio. Cada um dos pássaros, comiserando-se, deu-lhe algumas de suas plumas. Por isso o engole-vento tem hoje uma plumagem misturada.[7]

Na verdade, o engole-vento tem uma plumagem em nuances de cinza, vermelho, marrom e preto. Sua tonalidade escura e pouco visível confunde-se com as cores do terreno ou da árvore sobre a qual esses pássaros ficam pousados.

O mito segue claramente um caminho regressivo. Ao contrário dos mitos que contam como os pássaros conseguiram suas plumagens diferentes, esse conta como o engole-vento perdeu a sua e caiu na indistinção

---

[6] Claude Lévi-Strauss, *Le cru et le cuit* (Paris: Plon, 1964), p. 329; *Du miel aux cendres* (Paris: Plon, 1967), p. 26.
[7] Michel Boccara, "Puhuy, l'amoureux déçu. La mythologie de l'Engoulevent en pays Maya", *Journal d'agriculture traditionnelle et de botanique appliquée*, vol. XXXVIII (2), 1996, p. 97.

cromática que, na origem, era comum a todos os pássaros. O andamento dos mitos do outro conjunto, sobre a origem da cerâmica, é o mesmo: contam como uma mulher indiscreta (isto é, acusada de incontinência oral) perdeu os potes recebidos de sua benfeitora sobrenatural: eles se quebraram em pedaços que viraram bolinhas de argila, material identificado pelo mito tatuyo com um personagem afligido pela retenção anal (em vez de ser muito aberto por cima, é muito fechado por baixo).

O caminho que leva da cerâmica decorada à argila e aquele que vai das plumagens coloridas dos pássaros àquela confusa e apagada do engole-vento são paralelos — ou, se preferirmos, o engole-vento está para os outros pássaros, no que diz respeito às cores, assim como a argila está para a cerâmica decorada. Valida-se por essa via nossa seleção dos mitos jivaros — que confundem o engole-vento e a argila — como célula geradora da mitologia da cerâmica.

Com relação às longas cadeias de associações que foi preciso montar entre os mitos para chegar a uma demonstração, o mito que nos serve de prova se apresenta como um resíduo, na medida em que nele sobrou apenas o essencial. Como em aritmética, a prova consiste em substituir uma operação complicada (no caso, a que se desdobrou por meio de numerosos mitos) por uma operação homóloga, mais simples, efetuada sobre um só mito, e depois verificar se os dois resultados coincidem.

Contudo, por mais que a prova forneça um resultado válido, nada assegura que este não tenha sido obtido por sorte, nada assegura que o modo como foram encadeadas as associações corresponde a alguma coisa real fora do espírito do analista. Para conferir firmeza ao resultado, seria preciso multiplicar as provas. A comparação com a aritmética é arriscada, e não pediremos a ela mais que um conselho prudente. Como acontece com a prova dos nove, a prova por meio deste mito novo[8] — porque era desconhecido no momento da pesquisa ou porque o caminho seguido não nos levou a ele — é apenas verossímil e pode no máximo aspirar a uma boa probabilidade — o que não é pouco, sobretudo nas ciências humanas.

---

8   Jogo de palavras com "nove" e "novo", que são idênticos em francês (*neuf*); e com "prova dos nove" (*preuve par neuf*) e a "prova por mito novo" (*preuve par mythe neuf*). (N. T.)

Corsi e ricorsi. No rastro de Vico[1]

Deparei recentemente com uma teoria de um professor de medicina norte-americano segundo a qual seria possível entender a proliferação da espécie humana como um câncer do globo terrestre. O rigor e a precisão técnica de sua demonstração são impressionantes. Minha incompetência só me permite oferecer dela uma versão simplificada.

Na África do começo do período quaternário, explica ele, células-tronco provenientes de uma linhagem de vertebrados terrestres, mais especificamente primatas, deram origem a tecidos humanoides. Sadias enquanto ficaram por ali, adquiriram no Oriente Próximo um caráter maligno ao contato dérmico com substâncias alimentares mais ricas e diversificadas e mais tarde, depois da absorção de tecidos vegetais e animais obtidos por domesticação, um caráter inequivocamente tumoral.

Essas células malignas migraram, sob a forma de microssatélites agrícolas, para regiões submucosas da Europa meridional e da Ásia. No próprio Oriente Próximo, metástases desenvolveram-se sob aspecto de espessas placas "urbanoides" que apresentavam numerosas inclusões líticas seguidas de outras cúpricas e ferrosas.

Por muito tempo limitadas ao hemisfério oriental, esses tumores agregados despertaram a malignidade, talvez já latente, de células análogas do hemisfério ocidental. Esse fenômeno, conhecido sob o nome

[1] Publicado em *La Repubblica*, 9 de março de 2000.

de "progressão colombiana", fez aparecer por recombinação celular clones hispânicos e anglo-saxões.

Agravando-se, a doença manifesta-se por um estado febril generalizado e uma dificuldade respiratória aguda sob a ação de fatores culturais: inalação de destilados de petróleo, diminuição da quantidade global de oxigênio, formação de cavidades no pulmão florestal. O estágio pré-terminal anunciou-se por níveis elevados de metabólitos tóxicos no sangue, taxas anormais de corpos químicos estranhos provenientes de inseticidas orgânicos e de camadas de hidrocarbonetos na superfície dos oceanos, embolias de matérias metálicas ou plásticas. Uma vascularização declinante provocou a necrose das excrescências tumorais, principalmente aquelas que datam de muitos séculos, com numeração celular ultrapassando 6 bilhões. Seus núcleos urbanos esburacaram-se por dentro e colapsaram, deixando atrás de si apenas cistos endotóxicos e estéreis.[2]

Tais seriam o diagnóstico e o prognóstico que um médico vindo do além poderia fazer sobre nosso planeta percebido globalmente como um ecossistema. Mas, mesmo que não vejamos no quadro precedente mais que uma metáfora engenhosa, não deixa de ser revelador que a mesma linguagem possa descrever com riqueza de detalhes certos fenômenos que são ambos vitais, não resta dúvida, mas que dizem respeito ora à história individual, ora à história coletiva.

Compreende-se melhor, assim, a existência de dois tipos de explicação. Um vai do consequente ao antecedente e procura determinar a causa ou a sucessão de causas de que o fenômeno resulta. O outro segue um caminho de certa forma transversal e vê, no fenômeno a ser explicado, a transposição de um modelo que, em outro plano, já tem a mesma estrutura e as mesmas propriedades. O modelo constitui-se assim em razão suficiente para o fenômeno. O problema da origem da linguagem fornece outro exemplo desse gênero de aproximação, não menos revelador.

Trabalhos desenvolvidos há cerca de cinquenta anos provam que certas propriedades da linguagem articulada não estão fora do alcance de algumas espécies de primatas. Não obstante, a linguagem humana

---

[2] Daniel Richard Wilson, "Human population structure in the modern world: A Malthusian malignancy", *Anthropology Today*, vol. 15, nº 6 (dezembro de 1999), p. 24.

distingue-se de todas as mensagens emitidas pelos animais em seu meio natural. Pertencem-lhe exclusivamente o poder de imaginação e criação; a aptidão para manejar abstrações e tratar de objetos e fatos distantes no espaço ou no tempo; enfim, e sobretudo, essa característica absolutamente original da linguagem humana que consiste na dupla articulação: um primeiro nível formado de unidades puramente distintivas que, num segundo nível, se combinam para formar unidades significativas, isto é, palavras e frases.

Ignoramos quais precondições orgânicas puderam conduzir a essa capacidade cerebral universal em nossa espécie. Na falta de uma teoria biológica da origem da linguagem, continua válida a recusa, pronunciada certa vez pela Sociedade Linguística de Paris, a qualquer debate sobre esse tema. Não temos meios de saber como a linguagem humana pôde nascer progressivamente da comunicação animal. A diferença entre elas é de natureza, não de grau. De fato, o problema pareceu por tanto tempo insolúvel que os antigos — e mesmo alguns modernos — fizeram da linguagem humana uma instituição divina.

A descoberta do código genético tornou essas especulações obsoletas. Revelou-nos que, num nível muito distanciado da linguagem humana, mas que lhe é subjacente, pois se trata também de uma manifestação da vida, existe um modelo como o da linguagem articulada. O código verbal e o código genético operam — e são os únicos a fazê-lo — por meio de unidades discretas em número finito, desprovidas de sentido, como os fonemas, que se combinam para produzir unidades mínimas com significados comparáveis às palavras. Essas palavras formam frases às quais não faltam sinais de pontuação, e uma sintaxe rege essas mensagens moleculares. E há mais, pois, à maneira da linguagem humana, as palavras do código genético podem mudar de sentido em função do contexto. E, mesmo não se podendo subestimar o papel do aprendizado na aquisição da linguagem, a aptidão do homem, durante a infância, para manejar as estruturas linguísticas deve necessariamente resultar de instruções codificadas em sua célula germinal. A questão do patrimônio genético aparece a partir do momento em que se abordam as bases da linguagem humana. O isomorfismo constatado entre a estrutura do código genético e aquela subjacente a todos os códigos verbais das línguas humanas vai muito além de uma simples metáfora. Convida a conceber essa construção universal como uma herança molecular do *Homo sapiens* (e do *Homo erectus*, se não do *Homo habilis*, no qual, ao que parece, as circunvoluções cerebrais das quais depende o exercício da linguagem já estavam presentes). As estruturas linguísticas seriam assim modeladas sobre os princípios estruturais da comunicação como esta funciona na escala molecular. Da mesma forma, transposta à escala celular, a proliferação da espécie humana nos parece modelada sobre a nosografia do câncer.

Consideremos agora um terceiro problema, o da origem da vida em sociedade, a respeito do qual, desde a Antiguidade, os filósofos não pararam de se questionar. A dificuldade é a mesma que existe para a origem da linguagem: entre a ausência e a presença da linguagem articulada, o corte é tão claro que nos esforçamos em vão para encontrar formas intermediárias. E, no entanto, formas dessa passagem aparecem quando as procuramos em níveis mais profundos: celular, para a expansão demográfica; molecular, para a linguagem; celular, novamente para a sociabilidade.

Uma espécie de amebas terrestres torna a passagem da vida solitária para a vida em sociedade diretamente observável e cientificamente explicável. Enquanto os alimentos disponíveis são suficientes, esses seres monocelulares levam uma existência independente, sem contato com seus congêneres. Mas, se faltam alimentos, as amebas põem-se a secretar uma substância que as atrai mutuamente. Aglomeram-se e transformam-se em um organismo de tipo novo, com funções diversificadas. Nessa fase social, deslocam-se em grupo para zonas mais úmidas e mais quentes, em que o alimento abunda. Na sequência, a sociedade desagrega-se, os indivíduos se dispersam e cada um retoma uma vida separada.

O que há de interessante nessas observações é que a substância produzida pelas amebas, por meio da qual se atraem e se compõem como ser social pluricelular, é uma substância química bem conhecida: o monofosfato cíclico de adenosina, que comanda a comunicação entre células de seres pluricelulares — como nós — e faz de cada corpo uma imensa sociedade. Essa substância é também a mesma que secretam as bactérias de que as amebas se alimentam: ao perceber essa substância, as amebas localizam as bactérias. Ou seja: a substância que atrai os predadores para suas presas é a mesma que leva os predadores uns em direção aos outros e que os compõe em sociedade.

Nesse humilde nível da vida celular, a contradição com que se defrontou Hobbes (depois de Bacon e antes de tantos outros filósofos) encontra sua solução. Tratava-se de superar a antinomia entre duas máximas tidas como igualmente verdadeiras: que o homem seja um lobo para o homem e que para o homem ele seja também um deus, *homo homini lupus, homo homini deus*. A antinomia desaparece assim que reconhecemos que, entre os dois estados, a diferença é apenas de grau.

Tomadas como modelos, as amebas terrestres incitam a conceber a vida social como um estado em que os indivíduos se atraem o suficiente para se aproximarem, mas não a ponto de — sob pressão cada vez mais forte — se destruírem uns aos outros ou mesmo se devorarem. A sociabilidade aparece assim como o limite inferior — ou a modalidade benigna — da agressividade. A vida cotidiana das sociedades humanas, incluindo a nossa, e as importantes crises que atravessam fornecem muitos argumentos para apoiar essa interpretação.

Os três exemplos que dei lançam luz nova e pouco habitual sobre os problemas relativos à origem. Esses problemas são insolúveis quando buscamos encontrar suas causas, pois faltam sempre aos estados anteriores algumas propriedades essenciais do fenômeno posterior que gostaríamos de explicar. O horizonte bloqueado se abre e a questão da gênese deixa de se impor quando se descobre em algum lugar um outro conjunto sobre o qual está calcado, como sobre um modelo, aquele conjunto que procurávamos entender. Não temos mais que nos perguntar como esse conjunto veio a ser, posto que já existia ali.

Essa mudança de perspectiva não é nova. Pensadores da Idade Média conceberam a mesma ideia que, no século XVIII, reencontramos na teoria dos *corsi e ricorsi* de Vico, segundo a qual cada período da história humana reproduz o modelo de um período que lhe corresponde em um ciclo precedente. Esses períodos mantêm entre si uma relação de homologia formal. O paralelismo dos antigos e dos modernos, tomado como exemplo, prova que toda história das sociedades humanas repete eternamente algumas situações típicas. Não é isso que ilustram também nossos três exemplos? Na ordem coletiva, a expansão demográfica nos apareceu como um *ricorso* da proliferação cancerosa; o código linguístico, como um *ricorso* do código genético; a sociabilidade dos seres pluricelulares, como um *ricorso* da sociabilidade vista na escala monocelular.

Sem dúvida Vico restringia sua teoria à história das sociedades humanas tal como esta se desenrola ao longo do tempo. Mas, para além dos dados empíricos, essa teoria era para ele sobretudo um meio de chegar a "uma história ideal eterna que percorreram no tempo as histórias de todas as nações".[3] Sua empreitada repousa certamente, no ponto de partida, sobre uma distinção entre o mundo da natureza, conhecido apenas por Deus, pois foi Ele que o fez, e o mundo do homem ou mundo civil, feito pelos homens e que eles podem portanto conhecer. Todavia, essa curva da história humana, que a obriga a voltar perpetuamente a si mesma, é um efeito, afirma Vico, dos desígnios da providência divina. Quando, pela teoria dos *corsi e recorsi*, os homens tomam consciência dessa lei a que sua história está submetida, um pedaço do véu se levanta. Por essa porta estreita, por assim dizer, têm acesso a essas vontades e podem reconhecê-las, agindo também em um cenário bem mais amplo, constituído pelo conjunto dos fenômenos da vida de que a história humana é parte.

Assim, a teoria dos *corsi e recorsi*, tida às vezes por uma bizarria inconsequente da obra de Vico, seria na verdade de considerável importância. Pois, se a consciência de sua própria história revela aos homens que a providência divina age voltando a empregar sempre os mesmos modelos, que existem em número finito, torna-se possível ascender dos desígnios particulares da providência a propósito do homem para os desígnios gerais dessa mesma providência. Ainda que o estado da ciência no tempo de Vico não lhe permitisse seguir nessa direção, sua teoria abre para o conhecimento um caminho que conduz da estrutura do pensamento à estrutura da realidade.

---

[3] Giambattista Vico, *La Science nouvelle* (1744), livro primeiro, quarta seção, parágrafo 349, traduzido do italiano e apresentado por Alain Pons (Paris: Fayard, 2001), p. 140; *La Scienza nuova* (1744), in *Opere*, tomo I, organização de Andrea Battistini (Milão: Mondadori/I Meridiani, 1990), p. 552.

Fábula: do verbo latino *fari*, "falar", como a sugerir que a fabulação é extensão natural da fala e, assim, tão elementar, diversa e escapadiça quanto esta; donde também falatório, rumor, diz que diz, mas também enredo, trama completa do que se tem para contar (*acta est fabula*, diziam mais uma vez os latinos, para pôr fim a uma encenação teatral); "narração inventada e composta de sucessos que nem são verdadeiros, nem verossímeis, mas com curiosa novidade admiráveis", define o padre Bluteau em seu *Vocabulário português e latino*; história para a infância, fora da medida da verdade, mas também história de deuses, heróis, gigantes, grei desmedida por definição; história sobre animais, para boi dormir, mas mesmo então todo cuidado é pouco, pois há sempre um lobo escondido (*lupus in fabula*) e, na verdade, "é de ti que trata a fábula", como adverte Horácio; patranha, prodígio, patrimônio; conto de intenção moral, mentira deslavada ou quem sabe apenas "mentirada gentil do que me falta", suspira Mário de Andrade em "Louvação da tarde"; início, como quer Valéry ao dizer, em diapasão bíblico, que "no início era a fábula"; ou destino, como quer Cortázar ao insinuar, no *Jogo da amarelinha*, que "tudo é escritura, quer dizer, fábula"; fábula dos poetas, das crianças, dos antigos, mas também dos filósofos, como sabe o Descartes do *Discurso do método* ("uma fábula") ou o Descartes do retrato que lhe pinta J. B. Weenix em 1647, segurando um calhamaço onde se entrelê um espantoso *Mundus est fabula*; ficção, não ficção e assim infinitamente; prosa, poesia, pensamento.

PROJETO EDITORIAL Samuel Titan Jr. / PROJETO GRÁFICO Raul Loureiro

Sobre o autor
Nascido em Bruxelas, em 28 de novembro de 1908, Claude Lévi-Strauss é um dos nomes máximos da antropologia no século XX. Concluídos os estudos de direito e filosofia em Paris, deu início a uma carreira docente que o levou em 1935 à recém-fundada Universidade de São Paulo. Ao longo de seus quatro anos no Brasil, voltou-se para a antropologia e iniciou-se no trabalho de campo com sua primeira esposa, a etnóloga Dina Dreyfus, por ocasião de duas expedições ao Brasil Central; seus encontros com os cadiuéus, os bororos e os nambiquaras foram cruciais para sua reflexão e seus trabalhos como americanista, conforme relataria mais tarde em *Tristes trópicos*, de 1955. De volta à França em 1939, Lévi-Strauss partiu em 1941 para o exílio nos Estados Unidos, onde lecionou na New School for Social Research, foi cofundador da École Libre des Hautes Études e adido cultural da embaixada francesa. Em Nova York, travou amizade e manteve intenso diálogo com o linguista russo Roman Jakobson, influência decisiva na cristalização de suas ideias sobre a estrutura das sociedades humanas e sobre o método das ciências sociais, que encontraram sua primeira aplicação sistemática em *As estruturas elementares do parentesco*, de 1949. Voltou à França em 1948, ao lado de Rose-Marie Ullmo, com quem teve seu primeiro filho, Laurent; em 1954, casou-se com sua terceira esposa, Monique Roman, especialista em história dos tecidos e mãe de seu segundo filho, Matthieu. Em Paris, Lévi-Strauss retomou a carreira universitária, primeiro na École Pratique des Hautes Études e, a partir de 1959, no Collège de France, onde fundou o Laboratório de Antropologia Social e dedicou-se à sistematização de seu pensamento, publicando livros decisivos como *Antropologia estrutural* (1958), *O pensamento selvagem* e *O totemismo hoje* (ambos de 1962) ou ainda *Antropologia estrutural II* (1973). A partir de 1964, deu início à publicação de uma de suas obras mais ambiciosas, a tetralogia *Mitológicas*, em que estendeu a aplicação de seu método estrutural à análise das mitologias ameríndias e levou à perfeição seu próprio estilo de prosa científica. Em 1973, dois anos após o lançamento do quarto e último volume, Lévi-Strauss foi eleito para a Academia Francesa. Dois anos mais tarde, em 1975, publicou *A via das máscaras*, tributo à impressão que lhe haviam causado, na década de 1940, as máscaras vistas no National Museum of the American Indian em Nova York; o livro era igualmente o primeiro de uma trilogia informal que se completou com dois novos estudos de mitologia ameríndia, *A oleira ciumenta* (1985) e *História de Lince* (1991). Ativo até o fim de seus dias, o antropólogo revisitou seus anos brasileiros no livro fotográfico *Saudades do Brasil* (1994). Claude Lévi-Strauss faleceu em Paris, em 30 de outubro de 2009.

Sobre a tradutora
Marília Scalzo nasceu em São Paulo, em 1960. Após estudos de letras e jornalismo, lecionou na Aliança Francesa e trabalhou como jornalista na *Folha de S. Paulo* e na editora Abril. É autora, entre outros, de *Uma história de amor à música* (São Paulo: Bei, 2012), em parceria com Celso Nucci. Além de *Somos todos canibais*, traduziu para a coleção Fábula os romances *Viva!* (2016) e *Peste e cólera* (2017), de Patrick Deville. Sua tradução mais recente é *Samarcanda*, de Amin Maalouf, publicada em 2021 pela editora Tabla.

Figure des Brisilians.

Pourtrait du combat entre les sauuages Tououpinambaoults & Margaias Ameriquains.

Ce pourtrait se doit mettre entre le fueillet 204. & 205. apres Q. iiij.

Sobre as imagens

As imagens na abertura dos capítulos são detalhes tiradas de duas gravuras: a "Figure des brisilians", que integra o opúsculo *C'est la deduction du sumptueux ordre plaisantz spectacles etc* (Rouen, 1551), dedicado a registrar os festejos celebrados em Rouen por ocasião de uma visita do rei Henrique I; e o "Portrait du combat entre les sauvages toüoupinambaoults et margajas amériquains", que integra a *Histoire d'un voyage fait en la terre du Brésil, autrement dite Amérique* (Genebra, 1578), de Jean de Léry. As imagens reproduzidas na capa e na segunda orelha provêm igualmente de gravuras estampadas no livro de Jean de Léry

Sobre este livro

Somos todos canibais, São Paulo, Editora 34, 2022 TÍTULO ORIGINAL *Nous sommes tous des cannibales* © Éditions du Seuil, 2013 — Collection La Librairie du XXIe siècle, sous la direction de Maurice Olender TRADUÇÃO Marília Scalzo PREPARAÇÃO Luisa Destri REVISÃO Lia Fugita PROJETO GRÁFICO Raul Loureiro ESTA EDIÇÃO © Editora 34 Ltda., São Paulo; 1ª edição, 2022. A reprodução de qualquer folha deste livro é ilegal e configura apropriação indevida dos direitos intelectuais e patrimoniais do autor. A grafia foi atualizada segundo o Acordo Ortográfico da Língua Portuguesa de 1990, que entrou em vigor no Brasil em 2009.

CIP — Brasil. Catalogação-na-Fonte
(Sindicato Nacional dos Editores de Livros, RJ, Brasil)

Lévi-Strauss, Claude, 1908-2009
Somos todos canibais, precedido por
O suplício do Papai Noel / Claude Lévi-Strauss;
prefácio de Maurice Olender; tradução de Marília Scalzo —
São Paulo: Editora 34, 2022 (1ª Edição).
176 p.   (Coleção Fábula)

Texto bilíngue, português e francês

ISBN 978-65-5525-118-0

1. Ensaios em francês.   2. Antropologia cultural.
I. Olender, Maurice.   II. Scalzo, Marília.   III. Título.   IV. Série.

CDD-844

TIPOLOGIA Minion   PAPEL Pólen Natural 80 g/m^2
IMPRESSÃO Edições Loyola, em junho de 2022   TIRAGEM 3 000

AMBASSADE DE FRANCE AU BRÉSIL
Liberté
Égalité
Fraternité

Cet ouvrage a bénéficié du soutien
des Programmes d'aide à la publication de l'Institut français.

Esta obra contou com o auxílio
dos Programas de Apoio à Publicação do Institut Français.

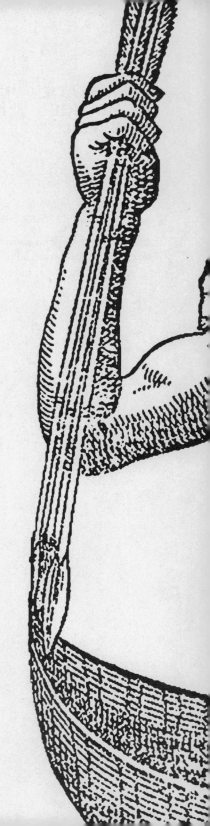

Editora 34
Editora 34 Ltda. Rua Hungria, 592
Jardim Europa cep 01455-000
São Paulo — SP Brasil
tel/fax (11) 3811-6777
www.editora34.com.br